Agnes Plaschy Schnyder, 1957

Psychologin, Permakultur-Praktikerin

An Wachstums- und Entwicklungsprozessen interessiert

Agnes Plaschy Schnyder

Leben mit 40

Gespräche mit 40-jährigen Frauen

Bibliografische Information der Deutschen Nationalbibliothek: Die Deutsche Nationalbibliothek verzeichnet diese Publikation in der Deutschen Nationalbibliografie; detaillierte bibliografische Daten sind im Internet über http://dnb.dnb.de abrufbar.

© 2019 Agnes Plaschy Schnyder
Herstellung und Verlag:
BoD – Books on Demand, Norderstedt

ISBN: 9783732297276

Dem Leben mit allen seinen Farben gewidmet

Inhaltsverzeichnis

1   Wie aus heiterem Himmel

7   Der 40. Geburtstag

15   Übergänge

37   Wenn Träume in Erfüllung gehen… oder auch nicht

55   Vom Loslassen

63   Inmitten von Generationen, Rollen und Aufgaben

73   Den Ausblick wagen

83   Dank

Wie aus heiterem Himmel

Es war wie eine Eingebung, die mich nicht mehr losliess. Ich fand, dass 40-jährige Frauen in einem sehr spannenden Alter sind, dem näher auf die Spur zu kommen sich sicher lohnen würde. Die Frage, was denn das Besondere am Übergang ins fünfte Lebensjahrzehnt ist, beschäftigte mich schon länger. Ist es ein wehmütiges Zurückschauen auf die verblasste Jugend? Ein Erschrecken vor dem ‹War's das schon›? Oder eher ein sattes Zufriedensein darüber, nicht mehr alles mitmachen zu müssen? Tritt so etwas wie eine Beruhigung ein, nachdem das eher äussere Leben 'gemacht' ist? Und was ist dann noch offen, was will noch geklärt und erledigt werden?

Ohne genau zu wissen, wohin mich diese Idee führen würde, machte ich mich mit 60 auf den Weg zu Lebensgeschichten und Lebenserzählungen von Frauen, die ihren 40. Geburtstag vor kurzem hinter sich hatten. Möglicherweise sollte das Resultat eine thematische, lebensgeschichtliche, zugleich zeitgeschichtliche Dokumentation sein, die auch für andere Menschen von Interesse sein könnte. Ich wusste es noch nicht, und gerade deswegen reizte mich das Unternehmen.

Wenn ich heute über diesen Beginn reflektiere, dann sehe ich zwei Stränge vor mir: Der eine ist in meiner eigenen Biografie zu finden, wo sich in meinem Leben mit 40 etwas Neues, sehr Zartes, kaum Greifbares ankündigte. Diesem wollte ich wohl nachspüren, dieses wollte ich vertiefen. So fand ich den Mut, einfach andere Frauen anzufragen und zu schauen, was sich ergibt. Der andere Zugang war das Interesse an einem 'unspektakulären' Übergang. Entwicklungspsychologisch werden ja viele Lebens-Übergänge beschrieben: Schuleintritt, Schulwechsel, Eintritt ins Berufsleben, Partnerschaft, Familiengründung, Erwachsenwerden der Kinder, Übertritt ins Rentenalter, und so weiter. Aber der Übergang ins 5. Lebensjahrzehnt…? Klar, dass die klassischen Lebensmitte-Themen nicht mehr weit weg sind. Doch könnte sich nicht vor oder nebst der als Mitte empfundenen – und manchmal als Krise beschriebenen – Zeit im Leben einer Frau Unentdecktes zeigen? Intimere Erfahrungen vielleicht, über die normalerweise nicht gesprochen wird. Leisere Lebenstöne, die anklingen. Nicht mehr die hochtrabenden Pläne und der Elan der Jugend – der vermeintliche Überblick über die Zukunft. Und noch kaum die ernsthafte Übernahme der Erfahrungen der Älteren – die Integration des Vergangenen. Diesen Fragen wollte ich Raum geben.

Mein Vorhaben stiess auf grosses Interesse. Beim Auswahlprozedere wurde schnell deutlich, dass der fokussierte Zeitpunkt von 40-Jährig zu eng gesteckt war und eine Erweiterung sich aufdrängte. Doch wollte ich den Zeitrahmen auch nicht beliebig ausdehnen. Schliesslich führte ich mit sieben deutschsprachigen Frauen im Alter zwischen 40 und 48 biografische Gespräche. Zwei wesentlich ältere Frauen sandten mir kurze schriftliche Berichte über ihre 40-Jährigkeit, welche ich miteinbezog. Dazu kamen natürlich auch meine eigenen Erinnerungen, die zwanzig Jahre zurücklagen.

Mit ein paar vorbereitenden Fragen kündigte ich die Interviews bei den Frauen an: Ob und wie haben die Biografinnen ihren 40. Geburtstag gefeiert? War es für sie ein besonderer Geburtstag? Was haben diese Frauen in ihrem Leben beruflich und privat erreicht? Sind sie damit zufrieden? Welche Dinge sind ihnen wichtig, die vielleicht früher keine oder wenig Bedeutung hatten beziehungsweise was ist jetzt weniger wichtig geworden? Wie stellen sich die Frauen ihre Zukunft vor? Welche Pläne und Wünsche haben sie? An welche Veränderungen denken sie? Welche weiteren Fragen tauchen auf, wenn sie sich mit ihrer eigenen Biografie beschäftigen?

Mehr schien mir zum Einstieg nicht nötig, um das Erzählen anzuregen. Die Gespräche fanden in ruhiger Umgebung – meist bei den Frauen zuhause – statt und dauerten jeweils rund eine Stunde. Ich stiess auf grosse Bereitschaft, zu reflektieren. Auf Dankbarkeit, Raum dazu zu erhalten. Auf Hoffnung auch, etwas ordnen zu können. Selbst wenn es für manche Frau im reich befrachteten Arbeitsalltag nicht ganz einfach war, einen geeigneten Zeitpunkt für ein Interview zu finden.

Die Begegnungen waren intensiv und berührend. Ich reiste in einige Gegenden der Schweiz, die mir unbekannt waren, tauchte ein in verschiedene Lebens- und Arbeitswelten, liess mich immer wieder überraschen von ganz unterschiedlichen Entwicklungszusammenhängen und Hingaben an das Leben und seine Herausforderungen. Viele Frauen hielten mir einen Spiegel vor, in dem ich Aspekte des eigenen Lebens wiedererkannte.

Das Individuelle der einzelnen Lebensgeschichten erschien mir teilweise so prominent, dass ich darüber fast in Zweifel geriet, das Thema auf die 40-Jährigkeit eingeschränkt zu haben. Allein, das Zuhören war und ist sinnvoll genug, um ein solches Unternehmen zu rechtfertigen.

Die gesammelten Beiträge der Frauen nun vor mir, kristallisierten sich Themen heraus, die ich entlang eines fiktiven Gruppengesprächs aufgreifen wollte. Die Leserinnen und Leser mögen sich vorstellen, dass sich die sieben Frauen in einem Kreis versammelt haben (siehe Darstellung) und einander aus ihrem Leben erzählen. Jede auf ihre eigene Art. Dabei überschneiden sich die Themen an vielen Stellen – wie in einer lebhaften Runde. Einleitend zu jedem Kapitel stehen jeweils meine eigenen Reflexionen (kursiv), dann folgen die Zitate der Frauen. Der einfacheren Lesbarkeit wegen habe ich die Texte – nebst der Transkription ins Schriftdeutsche – leicht bearbeitet. Auch sind konkrete Angaben zu den Personen weggelassen beziehungsweise neutralisiert.

Der 40. Geburtstag

Die Gestaltung meines eigenen 40. Geburtstags war in gewisser Weise der Startpunkt, um mich viel später noch einmal in die Themen dieses Lebensalters zu vertiefen. Zu diesem runden Geburtstag wünschte ich mir etwas Besonderes. Nichts Materielles, sondern ein richtig schönes Fest mit herzlichen Begegnungen. Nur, wie sollte das gehen? Bei einem Fest mit mehreren Geladenen hat man ja kaum Zeit für ein tieferes Gespräch. Doch genau das wollte ich: Zeit und Ruhe haben, eine Weile mit Freunden und Freundinnen zusammenleben, austauschen, diskutieren, lachen, fröhlich und besinnlich sein. Eine abgelegene Walliser Alp – Tschärmilonga (oder Chermignon) oberhalb von Albinen – schien mir genau das Richtige. Und es sollte eine ganze Woche gefeiert werden! Ich mietete also dort oben auf 1929 m. ü. M. für Anfang Februar eine Skiclub-Hütte, deren Zugang im Winter nur zu Fuss mit Skiern oder Schneeschuhen möglich ist. Damals wohnte ich noch in der Region Bern, und so hatten sowohl meine Deutschschweizer Freundinnen als auch meine Walliser Verwandten die Möglichkeit für einen Besuch an einem oder mehreren Tagen.

Nach einem abenteuerlichen Aufstieg, der sich infolge von Zwischenfällen bei der Anreise, der teilweise schlechten Ausrüstung meiner Begleiter und der schnell ermüdeten Kinder bis in die Nacht hineinzog, richteten wir uns in der kalten Hütte ein. In den folgenden Tagen wurde es dann aber sehr gemütlich. Wir Erwachsenen machten Feuer, holten Wasser am Brunnen, der zuerst vom Eis freigepickelt werden musste, kochten einfache Mahlzeiten (in den Bergen ist alles lecker!), sassen in der Sonne oder unternahmen kleinere Schneeschuh-Touren in die Höhe. Die Kinder verweilten sich mit Schaufeln und Schlitteln im Schnee, und abends spielten wir alle zusammen. Wir hatten Zeit füreinander und miteinander. Die immer wieder wechselnde Zusammensetzung der Gäste sorgte für eine spannende Dynamik. Ich begleitete manchmal den einen oder die andere ins Dorf hinunter und besorgte dort die nötigen Einkäufe.

Dieses einfache, elementare Leben mit lieben Menschen zu teilen, das war mein allergrösstes Geschenk. Eine kleine heilsame Auszeit, in der die alltäglichen Verpflichtungen und die gewohnte Geschäftigkeit nicht mehr das Wesentliche überdeckten. In dieser Umgebung fühlte ich eine grosse Kraft und starke Energie in mir. Ich stand mitten im Leben, hatte schon einiges erreicht und noch vieles im Sinn.

Mein 40. Geburtstag war ziemlich einschneidend in meinem Leben. Meine halberwachsenen Kinder wollten – trotz dem Verlassen ihres Vaters, mit Freundin – eine gute Party haben, eine Reggae-Band einladen und meinen Vierzigsten gut feiern.

Ich wollte ein Fest machen, und mein Nachbar sagte: Stell ein Zelt auf. Mitten im Sommer war es dann gewaltig kalt, 7 Grad, eine Freundin brachte noch Wolldecken, und gottseidank hatten wir dieses Zelt. Wir haben gefroren und ich bin da in meinem schönen roten Kleid herumgesprungen, es war ein wunderschönes Fest. Freunde, Alphornbläser, eine Bäuerin machte das Catering, ein wunderbares Buffet. Ich habe in meiner Jugend einen interkulturellen Austausch gemacht – ich war ein Jahr in Peru – und dann sind auch meine peruanischen Gasteltern gekommen zu meinem Geburtstag. Das war schön. Auch mein Partner war dabei, und ja…

Normalerweise bin ich nicht jemand, der den Geburtstag gross feiert, ich habe eigentlich meistens nicht so wahnsinnig Lust auf den Geburtstag. Und ehm… mit 40, also rein die Zahl, ein runder Geburtstag… was machst du da? Im Kopf hatte ich immer schon, dass ich dann den 40. Geburtstag feiere, aber je näher er mir kam, umso weniger hatte ich Lust, so rein von den Festivitäten, etwas zu machen. Irgendwie war es mir total zuwider, etwas zu machen. Da war ich sehr lange hin- und hergerissen. Denn ich habe mir gedacht, auf der anderen Seite lebt doch das Leben so von speziellen Sachen, von etwas nicht Alltäglichem, und jetzt wirst du 40, das ist doch eigentlich… Nach langem Hin und Her habe ich mich fast in letzter Minute entschlossen, ein Apéro zu organisieren. Im Vorfeld habe ich auch mit meinem Partner darüber gesprochen und ihm gesagt, ein Apéro sagt mir nicht zu, das ist so eine steife Angelegenheit, alle stehen da so herum mit ihren Gläsern in der Hand… Und er hat mich dann gefragt, ja was möchtest du denn eigentlich? Ich hab ihm geantwortet, ja wenn ich einfach auslesen könnte, möchte ich einfach ein Fest, eine ausgelassene Party. Und er sagte zu mir, ja mach doch das! Da wurde mir erst bewusst, ja warum mache ich eigentlich nicht das, was ich möchte? Gut, ich habe dann überlegt und gedacht, das ist noch schwierig, so etwas zu planen. Das geht nicht grad auf Knopfdruck. Aber man kann zumindest die Rahmenbedingungen dazu schaffen. Und dann habe ich eben einen Saal reserviert und ein 'Apéro riche' bestellt. Ich habe dann die Familie und die nächsten Verwandten und Freunde eingeladen, sicher so 50 Personen. Und es wurde ein recht lustiges Fest, überhaupt nicht steif, ungezwungen, bis Mitternacht, eins…. Ich habe es sehr genossen und finde auch jetzt, das Leben lebt von so speziellen Sachen, bei denen du etwas investieren musst, die dir aber auch wieder viel geben, solche Momente. In dem Sinn habe ich wirklich Freude, auch heute noch. Aber ich habe mich sehr schwergetan. Nicht das Apéro zu organisieren, das ist ja eine kleine Sache. Aber wen ich einladen soll… Ich dachte zuerst, wir machen es nur im kleinen Kreis, aber dann, ach nein… und schlussendlich habe ich dann eingeladen, wer mir grad so in den Sinn kam (lacht). Es war flott. Die Kinder waren am Anfang auch dabei, das macht halt auch Freude. Also, ich habe diesen Geburtstag lange versucht zu ignorieren. Es ist mir nicht gelungen… (lacht).

Als Erstes ist mir in den Sinn gekommen, dass der 40. Geburtstag für mich überhaupt keine Bedeutung gehabt hat. Ich habe mir überlegt, ob ich ein Fest machen soll, weil viele machen ein Fest, soll ich auch? Und in welchem Rahmen? Und ich habe dann gefunden, es ist mir ein zu grosser Aufwand, und ich liess es bleiben. Und ich habe jetzt überhaupt nicht das Gefühl, dass 40 für mich eine besondere Bedeutung hat. Also ich kann nichts Besonderes zu meinem Vierzigsten sagen, überhaupt nicht.

Ich mache – das hat sich so eingebürgert – am Geburtstag Tag der offenen Tür. Ich finde das noch schön. Man hat dann die Möglichkeit, sich auszutauschen, was man an einem Fest gar nicht hätte. Früher habe ich schon gefestet, ich bin gerne an Feste gegangen, mit allem Ramba-Zamba, aber jetzt hat sich das ein bisschen gelegt, jetzt muss ich das nicht mehr so haben. Aber 40 war definitiv nicht so speziell für mich. Da gibt es andere Ereignisse, die prägender sind. Wie z.B. die Hochzeit, die Familiengründung, das erste Kind, die habe ich viel prägender in Erinnerung.

Ich wusste gar nicht mehr, wie ich meinen 40. Geburtstag gefeiert habe… Dann habe ich in den Tagebüchern nachgeschaut. Ja, und es ist so, mein Geburtstag ist auch unser Hochzeitstag. Und der 40. Geburtstag war unser 5. Hochzeitstag. Und ehm… wir haben eigentlich gar nichts

Spezielles gemacht, aber es wurde dann nachher noch sehr speziell, weil, ehm…. Also mein Wunsch war es einfach, mit meinem Mann auswärts essen zu gehen, so ein bisschen bummeln, Kaffee trinken, sich ein bisschen treiben lassen, und dann etwas essen gehen. Das war meine Idee. Und das haben wir dann auch gemacht, und als wir uns auf die Suche machten nach einem Restaurant, dann sagte mein Mann: Komm, wir gehen lieber noch dort schauen, oder lieber noch dort, und schlussendlich war's dann so, dass er mich ganz gekonnt, ohne dass ich es gemerkt habe, in das Restaurant gelotst hat, wo wir unser Hochzeitsessen hatten – und dort haben wir unsere Trauzeugen getroffen. Also ich wusste wirklich von gar nichts, das war so schön! Ich hatte keine Ahnung, und wir sind in dieses Restaurant… ich wollte zuerst gar nicht so recht. Und er: Jaja komm, jetzt schauen wir mal, wir können ja ein Apéro nehmen an der Bar. Und wir gehen rein, und da sitzen unsere Trauzeugen, und ich: Was macht ihr denn hier? Mir ist nicht im Traum eingefallen, dass das arrangiert wurde. Es war total schön. Dann haben wir gegessen und hatten einen ganz schönen Abend. Es war dann eher unser Hochzeitstag, und somit war der 40. Geburtstag ein bisschen im Hintergrund.

Sonst habe ich manchmal… ich hab's eigentlich sehr gerne, so ein 'open house' zu machen, Kuchen zu backen, und dass die Leute dann einfach so kommen können. Jetzt ist das natürlich sehr schwierig, denn meine Familie und die Freunde, die sind alle nicht hier, das geht einfach nicht so, nur kurz vorbeizukommen. Und ehm, ja, mein Geburtstag fällt dann oft zusammen mit den Skiferien, die meine Schwester mit der Familie hier verbringt, das finde ich sehr schön. Ich hab's gern, etwas Besonderes zu machen, aber es muss nicht unbedingt ein Fest sein. Aber ich hab schon gerne, wenn man es feiert in irgendeiner Form.

Ich habe meinen 40. Geburtstag ein bisschen speziell gefeiert... Ich habe mir überlegt, was ist mir eigentlich wichtig? Da bin ich darauf gekommen, dass ich einfach Zeit haben möchte. Ich habe dann ein Wochenende offeriert, damit man das so auf drei Tage verteilt, meinen Geburtstag zu feiern. Das hat dann wirklich am Freitagmorgen angefangen. Und Zeit ist definitiv das Kostbarste, alles andere war für mich nicht so wichtig, und ich habe gemerkt, so ein Tag der offenen Türe, wo alle kommen, nein, das geht gar nicht. Und so sind einige am Anfang gekommen zum Brunchen, am Abend mit ein paar anderen in ein Konzert, und am Samstag weiss ich nicht mal mehr genau, da haben wir auch etwas gemacht, und am Sonntag, das war so ein bisschen der Familientag, da gingen wir ein Stück wandern und dann Mittag essen. Es war total schön. Ich fand, das war eine gute Idee von mir, eben mit dem Zeit-Haben.

Der 40. Geburtstag ist eigentlich nicht so speziell gewesen, vor allem da mein Partner nicht so viel hält von Festen und Ritualen, und auch Geschenke und so, das haben wir überhaupt nicht. Von daher ist nichts Spezielles gewesen. Andererseits waren wir dann im Ausland in den Ferien, das war doch ein bisschen spezieller als einfach daheim... Als Kind schon, da hat man sich gefreut, wenn man Geburtstag hatte, über Geschenke und so. Jetzt finde ich es schön, wenn die Leute an einen denken, wenn man einen Glückwunsch bekommt. Aber es ist auch nicht so, dass ich jetzt da etwas Wahnsinniges machen müsste... Ja, also ich habe mir schon einmal überlegt, ein Fest wäre schön, aber... es war dann auch grad viel zu tun mit dem kleinen Kind und so, und ich hatte dann gar keine Lust, ein Fest zu machen. Vielleicht machen wir dann irgendwann – mit 50 – eines (lacht).

Eine Woche vor meinem 40. Geburtstag haben wir gezügelt. Und in der Planung dachte ich: Ich gehe mit jemandem ein bisschen wandern und dann auswärts essen. Und irgendwie dünkte es mich doch... ich wohne das erste Mal mit einem Mann zusammen. Das ist für mich im 40. Jahr ein Ereignis. Gut, dann hatte ich den Vorsatz, es einfach zu halten, spontan, unkompliziert, einfach das Zusammensein, nur die Familie und drei Freundinnen einzuladen. Das ist im kleinen Rahmen. Und es ist – im Nachhinein muss ich sagen – gut, dass ich das gemacht habe, aber es war Stress für mich. Ich hatte das Gefühl, dass ich nichts von den Besuchern hatte. Das hat mich lange geärgert. Die Leute hatten Verständnis, aber man hätte noch mehr vorbereiten können. Ich will das noch einmal wiederholen (lacht). Und das mit dem unkompliziert ist etwas, aber... Die Feste feiern, wenn sie fallen. Auch mit 30, da ging es mir nicht so gut, und mit 32 hatte ich dann Lust, etwas zu machen.

Übergänge

In meiner Biografie blickte ich mit 40 auf eine nicht ganz normgerechte Vergangenheit zurück. Durch die frühe Familiengründung stand ich drei halb erwachsenen Kindern gegenüber, die meine Anwesenheit vorwiegend zu abendlicher und nächtlicher Stunde brauchten. Ich hatte bereits seit ein paar Jahren begonnen, die familiären Freiräume für meine Ausbildungen zu nutzen. In dieser Hinsicht war die Richtung der Veränderungen in meinem Leben vorgegeben: die Selbstständigkeit der Kinder, meine Abschlüsse, die Berufsausübung, der Praxisaufbau. Das waren die Zielsetzungen, das war auch das Absehbare, das nach meinem Willen individuell gestaltete Leben. Aber war da nicht noch ein zweites Leben, das sich jetzt leise auch zu melden begann? In meinem Inneren nahm ich deutlich eine Ahnung wahr, dass noch Anderes, weniger im Äusseren Stattfindendes, kommen würde. Rückblickend und zusammenfassend kann ich sagen, dass sich in meinen Vierzigerjahren in der Tat viel Neues zeigte, zum Teil Schlag auf Schlag: Eine einschneidende Veränderung durch eine Reise in die Wüste, die Ablösung der beiden ältesten Kinder, die Trennung und Scheidung, eine neue Liebesbeziehung, mein erster Gedichtband, eine Intensivierung meiner Verbindung zur Natur. Dabei ging es nicht mehr so sehr darum, die eigenen Pläne und Ideen durchzusetzen, sondern zu lernen, mich in unbekannte Gefilde führen zu lassen. Ich erinnerte mich dabei oft an das Wort in der Bibel: Solange du jung warst, gürtetest du dich selbst und strebtest nach selbstgewählten Zielen. Wenn du aber des Alters Reife erlangst, so wirst du deine Hände ausstrecken, und ein anderer wird dich gürten und dein Führer sein zu Zielen, die du dir nicht selber gibst (Joh. 21, 18).

Nun, was beinhaltet dieses Alter zwischen ‹nicht mehr jung und noch nicht alt› oder ‹nicht mehr Anfängerin und doch noch nicht fertig› für andere Frauen? Ist es wirklich eine unspektakuläre Übergangszeit, eine unbedeutende Zwischenzeit? Nach den Gesprächen mit den Biografinnen sage ich entschieden: Nein! Doch ich lasse sie selber zu Wort kommen.

Mein 40. Geburtstag war wegweisend in meinem Leben. Vorher war ich fremdbestimmt, und von da an habe ich endlich mein Leben selber in die Hand genommen. Im Zurückerinnern war es ein ewiger Kampf, materiell und auch sonst, aber es musste wohl sein, ich hätte meine Qualitäten wohl nie kennengelernt. Nur jetzt im Nachhinein denke ich, war der Preis vielleicht zu hoch, mein Körper sagt mir das. Zu viel habe ich mit dem Willen gemacht, nach bester 'Widder-mit-dem-Kopf-durch-die-Wand-Manier'.

Auf die Frage, was ist das für eine Qualität, die 40-Jährigkeit, kann ich sagen: Es ist eine gute Qualität. Man ist ein bisschen gesetzter, man ist noch nicht alt, und man ist auch nicht mehr so jung, dass man auf alles aufspringen muss, was gerade aktuell ist, oder was 'in' ist, sondern man differenziert mehr. So im Sinn 'das brauch ich nicht mehr'.

Ui nein, schon 40, das tönt so alt, und man fühlt sich gar nicht so alt… Also ich fühle mich noch nicht wie 40, aber es ist doch schon so…! Ja, die Zahl… 39 ist noch anders, die 4 dann, das ist halt schon… ja, und das nächste ist dann 50…, und dann ist man dann schon relativ alt, also schon nicht wirklich, aber keine 20 mehr… Eigentlich hat sich ja nichts geändert. Schlussendlich fühlt man sich nicht anders mit 40 als mit 39. Es ist eher so, wenn man es ausspricht, oh… dann wird es einem bewusst, also doch schon so alt.

Mein Mann ist 9 Jahre älter als ich, und er sagt z.B., so mit 50, da merkt man schon, dass es gesundheitlich nicht mehr gleich ist, da bist du einfach nicht mehr so, so… spritzig. Und ich will das immer noch nicht so wahrhaben. Und alt werden ist für mich ja sowieso… schwierig. Wenn ich manchmal Leute im Altersheim sehe, so schwere Pflegefälle, da frage ich mich. Wenn ich wählen könnte, würde ich das nicht wollen. Aber so grundsätzlich kann man es vielleicht auch wieder nicht sagen. Sie haben z.T. schon auch Lebensqualität. Und ich glaube, man passt sich auch an. Wenn man z.B. nicht mehr laufen kann, dann kann man vielleicht noch lesen oder so. Ich selber denke aber jetzt, ui, wenn ich nur schon nicht mehr laufen könnte, das wäre dann sehr schlimm.

Viele sagen ja, dass mit 40 dann die Gebrechen anfangen. Aber bei mir ist da nichts, es geht mir gut. Es ist also nicht anders als vorher. Es ist mehr im Kopf. Und was bei mir halt zusammengefallen ist, ich war 39, als ich mein erstes Kind bekommen habe. Das hat schon das ganze Leben umgekrempelt. Ja, da wird halt schon vieles anders.

Ja, ich habe mir lange durch den Kopf gehen lassen, gibt es denn etwas, das sich mit 40 verändert hat? Am Anfang hatte ich das Gefühl, es war einfach die Situation, in der ich war. Also so allein mit einem Kind… Und dann der Tod meines Vaters. Ich bin da in der Generation nachgerückt, meine Eltern leben nicht mehr, und ich glaube, dass das ganz viel ausgelöst hat. Das war nicht ein bestimmtes Schlüsselerlebnis, eher so ein innerer Wandel hat dann stattgefunden, es hat sich so kumuliert. Zuvor… habe ich mir immer wieder meine Auszeiten genommen, wenn ich das Gefühl hatte, jetzt ist genug. Es gab den Teil der Verantwortung, und es gab immer wieder auch meine Reisen, wo ich mich wie aus allem ausgeklinkt habe. Ja, das habe ich mir immer herausgenommen. Und mit dem Kind ging das nicht mehr. Da meinte ich, es muss jetzt einen Weg geben, wo das zusammengeht. Nicht mehr entweder oder.

Es ist noch schwirig zu sagen… die Situation prägt ja dann auch stark das Erleben. Und doch habe ich das Gefühl, haben sich so um die 40 andere Werte manifestiert, und zwar mit Nachdruck. Ich glaube, es ist ganz zentral um die 40, dass man die Sachen nicht mehr ausblenden will, die auch noch zu einem gehören… Und es geht darum, die verschiedenen Sachen zusammenzubringen, nicht mehr so fest zu unterteilen.

Es ist ja oft nicht ein konkretes Ereignis, es ist ein Prozess. Bei mir gibt es immer wieder so Situationen, die ich, ach… nicht mehr so haben muss. Oder dass ich mich frage, muss das jetzt wirklich sein? Dass man nicht mehr so leicht über das hinweggeht. Dass man denkt, das passt mir dann doch nicht so. Wo man dann auch ein bisschen mehr für sich schaut und auch merkt, man wird geiziger, mit… mit Qualität hergeben. Dass man sich eher sagt: Eigentlich tut's mir nicht gut, und eigentlich will ich's gar nicht, und… so, eben dass man ein bisschen geiziger wird. Oder mehr auf sich schaut.

So 40 werden… das ist eine Phase… das ist wie noch einmal: Jetzt bist du es wirklich. Wie an eine Kreuzung kommen – wo stehe ich? Anhalten – wo geht es jetzt weiter? Sehr stark so ein Sortier-Alter... ja, Sortieren, das kommt mir immer wieder in den Sinn: Was ist Thema, was gehört zu mir, was eben auch nicht mehr? Berufliches, Privates, Freundschaften, ganz, ganz viele Sachen.

Ich habe früher immer gedacht, ich mache dann mal noch eine Weiterbildung, aber was ich bis jetzt angeschaut habe... das ist doch eine recht kopflastige Sache, und ich habe es dann wie bleiben lassen. Ja. Aber ich merke schon, irgendwann, das ist jetzt noch nicht reif, das ist noch nicht mal richtig am Werden, das könnte ich mir schon vorstellen, dass ich dann noch einmal beruflich eine andere Richtung einschlage. Aber ich finde, ich würde wieder dieselbe Grundausbildung machen. Da bin ich sehr froh, dass ich das gemacht habe, dass ich mich da durchgebissen habe. Das ist eine gute Basis.

So um den 40. Geburtstag herum, da sind eigentlich viele Sachen passiert. Viel Äusseres, das sich verändert hat. (*Die Biografin hat ihre Arbeitsstelle, die ihr nie gefallen hat, aufgegeben*). Und dann hat sich diese neue Stelle aufgetan, und das war toll. Das war ein guter Schritt. Ich fühle mich wohl in dieser Atmosphäre, die passt für mich. Am alten Ort war das sehr schwierig. Keine Wertschätzung von der Leitung, sehr viele Kämpfe zwischen Verschiedenen, so vieles Drumherum, was nicht schön war, und das ist jetzt einfach wunderbar, ich gehe gerne arbeiten.

Ich habe etwa neun Monate hin- und hergemacht, bis ich mich entscheiden konnte, hierher an diesen neuen Ort zu kommen. Für mich war es dann wirklich wie eine Geburt. Das war ein Kampf, Widerstand... Ich habe gemerkt, ich bin unzufrieden im Büro, ich möchte etwas verändern, aber ich habe es mir nicht zugetraut. Widerstand, Blockade, ja, das kenne ich sehr gut von mir. Mit Hilfe einer Freundin, die eine Coaching-Ausbildung gemacht hat, hat es dann Klick gemacht. Dann war die Blockade weg. Und nachher, dann, dann ging es blitzschnell. Aber eben... ich habe extrem lang, bis es... bis... Ich bin oft so verbissen in etwas, aber nachher geht es dann schnell.

Und jetzt... ich habe zu viele Ideen, ich mache zu viel, bei mir ist das Leben so pausenlos. Wir sind jetzt genau fünf Jahre hier, es ist alles so nahtlos gegangen, ich habe meine alte Arbeit noch abgeschlossen, dann haben wir hier schon angefangen. Manchmal werde ich gefragt: Bereust du etwas? Bereust du diesen Schritt? Dann sage ich: Nein, in keiner Art und Weise. Und es bringt ja auch nichts, wenn ich dem nachstudieren würde. Aber ich merke... für mich ist es schwierig, einmal eine Pause zu machen. Ich mag zwar, ich bin bei Kräften, aber ich habe nicht mehr so Lust, immer zu rennen. Und ich kann dann diesen schönen Ort manchmal zu wenig geniessen. Das macht mich manchmal auch ein bisschen traurig, dass das, was ich am liebsten mache, fast zu einem Müssen wird. Das ist das, was mich überfordert oder am meisten fordert, es ist so genial, was hier alles möglich ist… Aber dann, was mache ich, auf was verzichte ich, was lasse ich los, ja, dass es einfach nicht überbordet und zu viel wird… Ja, es vereinnahmt mich. Und ich nehme mich da nicht ernst… dass ich mir wirklich einmal pro Woche eine Pause gönne, einfach einen Tag weg, aber ich schaffe das nicht. Und das ist eine Ausrede, wenn ich dies oder das erledigen muss, irgendwie sollte das schon möglich sein. Also als ich mit meinem Partner von den letzten Ferien heimgekommen bin, da haben wir gesagt, so, jetzt machen wir den Sonntag frei. Das ist nun schon fast drei Monate her. Aber wir haben seither noch keinen einzigen Sonntag miteinander frei gemacht. Ich weiss nicht, was wir falsch machen… Ja, ich bin total am Kämpfen innerlich, und ich bin manchmal auch ein bisschen verzweifelt, da bin ich ehrlich. Eigentlich weiss ich im Herzen, was ich möchte, aber ich bin noch nicht so weit, ich bin einfach noch nicht so weit.

Mit dem Innerlichen ist das so viel schwerer. Eben, man stösst ständig an die eigenen Defizite, diese wunden Punkte. Gleichzeitig hat man aber auch… bestimmte Sachen sind ja wirklich einfacher. Äusserlichkeiten werden weniger wichtig, das ist ja eigentlich etwas sehr Wohltuendes auf eine Art. Man kann das auch mal sein lassen und das ist ja wunderbar, irgendwie auch eine Reife… Und trotzdem wundert man sich manchmal über Sachen, bei denen man ansteht, so völlig… wie ein kleines Mädchen (lacht).

Der 40. Geburtstag war bei mir nicht gerade der Auslöser. Aber was ich merke so in letzter Zeit, dass ich mich mit gewissen Sachen beschäftige, so… wenn es gut geht, ist jetzt die Hälfte der Lebenszeit durch. Dieser Gedanke beschäftigt mich eigentlich schon immer wieder.

Während der Ausbildung ist man immer bestrebt, so quasi 'wenn ich einmal gross bin', man möchte dies und das erreichen. Und plötzlich realisierst du, du *bist* jetzt an diesem Punkt, wo du das erreicht hast. Auf einmal zu merken, viele Sachen, auf die du hingearbeitet hast, sind nun Realität.

Im Beruf, als ich so frisch diplomiert war, da habe ich zu den 35-, 40-Jährigen aufgeschaut, die hatten schon Erfahrung. Und jetzt bin *ich* die… Und wenn ich die 60-Jährigen sehe, die sind mitten im Leben. Die sind ja noch fit und machen ihren Job, die haben vielleicht Enkelkinder. Das ist so speziell, dieser Blick auf beide Seiten. Die Jungen, die gehen nach der Arbeit noch biken oder schwimmen oder so. Und ich muss nicht mehr überall dabei sein. Mit einem Schmunzeln denke ich dann, die sind noch 25, und ich habe jetzt andere Themen. Das

Zuhause zum Beispiel, das ist eine Oase für mich geworden, der Frieden. Ich kann hier wunderbar abschalten.

Ich weiss nicht warum, aber ich erinnere mich noch genau daran, als meine Mutter 36 wurde. Ich habe damals gedacht, jetzt habe ich eine sooo alte Mutter. So in der kindlichen Wahrnehmung. Und jetzt bin ich mir bewusst, ich bin älter. Das beschäftigt mich, nicht nur im Guten, eher im Negativen, eher so das Wissen… also… mit 20 hatte ich extrem das Gefühl, dass ich alle Möglichkeiten habe. Ja, man hatte einfach nur eine Perspektive. Und jetzt… das ist nicht mehr! Das ist so. Du hast das physisch nicht mehr, du hast es nicht mehr von deiner Lebenssituation her, du möchtest das wahrscheinlich auch nicht mehr, gewisse Sachen jedenfalls… Und das macht auch ein bisschen… traurig ist vielleicht zu viel gesagt… nachdenklich, ja. Gewisse Sachen werde ich nicht mehr erleben. Einfach so das Ungebundene, das Unabhängige, das gibt es nicht mehr. Das hat nicht nur mit meinen Kindern zu tun, das hat auch mit dem Beruf zu tun. Mit Beziehungen, allenfalls mit Vermögen, mit einem Haus oder irgendetwas. Wobei ich war nie der Typ, der unbeschwert war, nie. Aber es kommt mir alles unbeschwert vor, wenn ich zurückschaue (lacht). Es ist vielleicht auch eine Form von Idealisierung.

Es ist ja auch spannend, dass man erstmals das Gefühl hat: Man ist allein, man ist wirklich allein. Natürlich hat man ein Umfeld und Freunde, aber erstmals so dieses Erleben, ich bin allein, und ich trage mein Leben selber, es ist *mein* Leben, es nimmt mir niemand… es kann mir niemand dies abnehmen. Ich bin einfach ich. Das ist mir glaub ich erst so nach 35 bewusst geworden, vielleicht auch, weil's dann den Rahmen gab, die Ruhe gab, die dazu nötig ist. Dieses Allein-Fühlen, das hatte ich erst hier das erste Mal. So ah… (erschrickt). Also ich habe nette Nachbarn, ich habe einen guten Partner, alles kein Thema, aber trotzdem… plötzlich ist man für etwas verantwortlich und allein und ganz auf sich gestellt. Es ist eigentlich so ein Thema um Ende 20, theoretisch (*die Biografin beschäftigt sich mit Biografiearbeit*), und für mich war das später, so mit 36, 37, sowas. Diese inneren Stimmungen sind viel intensiver, als wenn ich irgendwelche Äusserlichkeiten abhake. Also diese inneren Übungsfelder sind viel weniger konkret, und sie sind auch mit mehr Stimmungsschwankungen behaftet. Man kommt da ja immer wieder an eine ähnliche Problematik. Etwas, das mich nervt, das will ich so nicht… Das ist eben nicht so konkret wie: Jetzt mache ich die Ausbildung, die Prüfung, und suche einen Job, sondern man ist dann ganz anders gefordert. Man kann auch nicht einfach ein Werkzeug aus dem Kasten holen und dann sagen, jetzt ist es repariert. Es ist viel diffuser, es ist viel komplizierter. Man ist viel stärker mit sich selber konfrontiert und beschäftigt und merkt so seine Grenzen.

Im Sinne von Übergängen finde ich es schon noch ein intensives Alter. Eine andere Tiefe, ein anderes Bewusstsein. Mit 30 ist noch so viel, man hat das Gefühl, man sei erwachsen, es ist noch so unruhig. Jetzt ist alles mehr auf sich gerichtet. Kontakte, die nicht mehr so fliessen, lässt man los. Die Erfahrung, es muss mir gut gehen, aber ich renne nicht mehr nach diesem und jenem. Vor 5 und 10 Jahren war es schon anders: Ausgang ist Thema, Reisen, nach der Arbeit noch abmachen, viel mehr Bewegung. Jetzt kommt man mehr an den Kern, das ganze Unnötige fällt ab wie Schalen. Oder, wie könnte man das sagen… auch ein Aufstehen, zum Eigenen stehen, Dastehen, für mich stimmt es so.

Was mir vorher wichtig war, das ist das Reisen, viel erleben, viel sehen. Ferien war für mich gleichbedeutend wie ins Flugzeug steigen. Ich war in der Wüste, bin mit der Transsibirischen Eisenbahn gefahren, ich bin auch am Strand gelegen auf den Seychellen, ich habe in Südafrika Safari gemacht, ich habe verschiedenste Sachen gemacht. Für mich galt einfach: Ins Flugzeug und aus der Schweiz raus, das waren für mich Ferien. Das ist jetzt nicht mehr so. Jetzt sage ich, man kann auch in der Schweiz Ferien machen, es ist gerade so schön, auch mal zuhause zu bleiben, und von zuhause aus Ausflüge zu machen, oder nur in den Wald gehen, das ist dann auch ein schöner Tag. Auch das Nahe ist schön. Das Zufriedensein mit dem, was wir hier haben. Gut, wir waren letzthin auch grad im Ausland in den Ferien. Aber es muss nicht jedes Mal so eine weite Reise sein. Früher, so vom ersten bis zum letzten Ferientag weg sein, um dann am folgenden Tag zu arbeiten, das mag ich jetzt nicht mehr. Jetzt komme ich auch lieber drei Tage früher nach Hause, zum Auspacken, Ankommen…

Mit 40 oder 41, da habe ich das erste Mal alleine Ferien gemacht. Das habe ich unglaublich wunderbar empfunden. Das hat sich so ergeben, dass ich nicht gleichzeitig mit meinem Mann Ferien nehmen konnte. Irgendwie war das dann halt so und ich dachte, wieso soll ich nicht alleine irgendwo hin. Und dann habe ich meinen Hund mitgenommen und dann war ich eine Woche in einer Ferienwohnung. Das war einfach wunderbar. Das hätte ich mir vorher nie so ausdenken können. Ich hatte auch ein bisschen Bedenken, ja, ich weiss doch nicht, ob das so toll ist. Aber das war super. Ich ging jeden Tag laufen, ich habe gelesen und gestrickt und Puzzle gemacht und geschlafen und… also es war toll. Es war eine schöne Erfahrung, die ich mit 40 das erste Mal gemacht habe. Es ist etwas, das ich unbedingt wieder machen muss. Ferien für mich. Wo man machen kann, was man mag, gar nichts machen muss und sich nach niemandem richten muss.

In den vergangenen sechs Jahren… da hatte bei mir alles keine Zeit für Verarbeitung, da prasselte alles nur so auf mich herein… da dachte ich dann oft, jetzt rühre ich den 'Bettel' hin und verreise. Das war es ja, was ich mir vorher stets leistete, wenn ich Zeit und Distanz brauchte. Es ist eigentlich eine ungeheure Chance, in solchen Momenten nicht wegzugehen, sondern zu bleiben. Es ist nicht eine einfache, aber doch wichtige Erfahrung. Das Reisen alleine, das finde ich nach wie vor wertvoll. Aber oft bin ich halt auch von mir selber weggegangen… Und jetzt zu merken, dass dann, wenn es schwierig ist, ich nicht weg sein will von mir. Sondern, dass ich da sein will, ganz präsent. Und schauen, was sich darin zeigt. Das sind ganz zentrale Sachen, die sich geändert haben… das Bild von innen her hat sich geändert. Ich möchte eigentlich rund sein, nicht einfach gut sein. Das bedingt aber, die Sachen nicht einfach wegzustossen, und dieses Bleiben bei mir… Ich glaube, es hat noch einmal ein grundlegendes Ja zu mir gebraucht. Das ist so herausgekommen. Es ist wie noch einmal ein Geburtsdurchgang und nochmal ein deutliches klares Ja für mich, mit allem, was zu mir gehört, und nicht nur mit meiner 'Schoggi-Seite', dem Angenehmen für die Anderen, das ist so mein Geburtsprozess noch einmal. Also ich sage oft: Es gibt ein Leben davor und ein Leben danach.

Also mir ist bewusst geworden, dass Zyklen und Rhythmen extrem wichtig sind im Leben. Und grad so in meinem Beruf, da hat man überhaupt keinen Rhythmus. Man hat Nachtdienst, man hat Wochenende, dann arbeitet man 4 Tage am Stück, dann hat man wieder eine Woche frei, und dann früh und dann spät. Das ist etwas, seit ich den Rhythmus hier in der Natur kenne, ist mir das viel stärker bewusst geworden, dass ich das eigentlich in meinem Beruf gar nicht habe. Und sozusagen in meinem ganzen Leben auch nicht wirklich hatte, in meinem ganzen Berufsleben. Und ich merke, dass das mit dem Älterwerden immer schwieriger wird, dass ich diese 'Schichterei' einfach mühsam finde, dass es mich auch ärgert, wenn ich nicht regelmässig essen kann, also das fällt mir viel stärker auf, dass das eigentlich nicht gut ist. Ich brauche auch länger zum Regenerieren. Also mit dem Älterwerden merkt man das immer mehr, dass das schwieriger wird. So mit 20 macht einem das ja nichts aus, ob man schläft oder nicht, oder isst oder nicht... ja. Viele Sachen verträgt man einfach nicht mehr so gut. Also auch körperlich... so eine Nacht durchzechen, das geht nicht mehr so einfach, und so.

Ich gehe auch nicht mehr drei Tage an die Fasnacht und hänge womöglich noch einen vierten an. Heute, wenn ich einen Tag gehe, bin ich nachher vier 'futsch' (lacht).

Das ist neu, ja. Und auch gut. Schon dass einem bewusst wird, wie wichtig Rhythmus ist, auch für die Gesundheit, wie gut es einem tut, wenn man ihn hat, das ist eine gute Erfahrung. Und auch wichtig, dass man das erkennt, obwohl ich nicht unmittelbar etwas daran ändern kann, es ist mein Beruf, und zu meinem Beruf gehört Wochenende, Nacht, stressige Momente... aber dass es mehr und mehr Thema werden könnte, zu sagen, ich möchte keinen Nachtdienst mehr machen. Es ist jetzt schon so, dass ich sage, ich möchte so wenig wie möglich, und da wird auch Rücksicht darauf genommen, aber ich kann es im Moment nicht einfach ganz abgeben. Dass man mehr darauf schaut, wie kann man sich selber lieb sein, für sich einen Weg finden.

Vorher bin ich sicher noch ein bisschen ehrgeiziger gewesen, was die Kinder anbelangt, schultechnisch oder so. Und jetzt merke ich, das hat überhaupt keine Bedeutung, ob jetzt ein Kind in der Mathe im A oder im B ist, es macht seinen Weg. Und dass es wirklich Kräfte gibt – ich weiss nicht, kommen sie aus einem selber oder kommen sie vom Himmel –, die einen unterstützen, die einen tragen. Und es gibt überall viele gute Leute, die einen unterstützen, die einem helfen. Aber man muss es zulassen können.

Ja, das ist etwas, das ich lernen musste, dass ich mir Hilfe hole. Dass ich mir das auch organisiere. Als meine Mutter starb, war ich... ich war die Älteste, ich war 18, da habe ich zuhause die Mutterrolle übernommen für ein paar Jahre, bis ich dann weitergezogen bin. Da habe ich mich schon alleine gefühlt. In der Generation meiner Eltern hat man aber nicht über Gefühle gesprochen. Ach, das war viel zu viel für mich damals, aber es hat mich niemand gefragt. Ich bin einfach nachgerückt, kommentarlos… Meine Mutter hatte Brustkrebs, sie starb mit 44, in meinem Alter. Und sie erkrankte, als ich in der Oberstufe war. Aber man hat nicht darüber gesprochen, das war so eine Atmosphäre… nicht ganz einfach. Ich musste dort viel mit mir allein ausmachen, das ist so. Meine Mutter war aber auch eine, die sich nicht beklagt hat. Und bevor sie gestorben ist – ich habe das gar nicht richtig realisiert, dass es jetzt zu Ende geht – kam sie dann noch schwerkrank mit uns nach Spanien in die Ferien, mit dem Bus… jesses, wenn ich mir das jetzt so überlege… Und nach der Reise, als wir heimkamen, ging sie ins Bett und war in fünf Tagen tot. Wenn man sich das jetzt so überlegt, das ist krass… Dann hat eine andere Zeitrechnung angefangen. Ich war ein Kind, eher introvertiert, ich kann auch gut alleine sein, das fällt mir nicht schwer und ich brauche das auch. Aber so mit dem Übernehmen der Verantwortung wurde ich auch anders wahrgenommen. Ich weiss, dass ich diese Rolle auch genossen habe, weil man mich sieht, weil man mir das zutraut. Dieser Teil war eben auch dabei.

Mein Vater war 50, als die Mutter starb. Und mit 60, 65 gab es bei ihm erste Anzeichen einer Demenz. Es zeigte sich mehr in einer Persönlichkeitsveränderung. Und dann kam der Alkohol bei ihm dazu. Das war eine lange Zeit… Meine Geschwister haben schon einen grossen Teil übernommen. Aber dann, als ich das Kind bekam, da konnte ich das nicht mehr prästieren. Dann haben wir beschlossen, den Vater in eine Demenzstation zu bringen. Das war noch so ein gemeinsamer Akt, gegen den Willen des Vaters, das sind so einschneidende… Und dann ist in dieser Zeit meine Firmgotte, zu der ich einen engen Bezug habe, gestorben. Auch die Trennung vom Vater meiner Tochter… also schon zu merken, dass es zusammen nicht funktioniert, das ist ja auch… Und dann war hier im Haus ein Umbau, man musste einen Monat lang raus. Es war die Beerdigung meines Vaters und ich musste die Wohnung räumen. Und dann kam noch der Übertritt meiner Tochter in den Kindergarten, es war wirklich… ich war am Anschlag… Körperlich war ich sehr verspannt. Ich spürte auch einen Schmerz in meiner Brust, ich habe richtig so einen Herzschmerz mit mir herumgetragen. Aber meine Verletztheit hatte keinen Platz. Viel hat sich dann über Wut gezeigt, das war so das Ventil, das dies klar zum Ausdruck brachte. Das war nicht einfach. Ich habe aber irgendwie auch erkannt, dass diese Wut wichtig ist und dass ich sie nicht unterdrücken darf, sonst werde ich krank. Die Wut hatte schon einen Sinn. Aber zu merken, dass dadurch andere Menschen irritiert werden und dass sie dann auch mit mir Mühe haben, das war natürlich nicht einfach. Aber eben, auch wenn es nicht immer einfach gewesen ist, das auszuhalten, hat es mich doch in eine Richtung geführt oder mir geholfen. Ja, also… in dieser Zeit habe ich gemerkt, dass ich Unterstützung brauche. Dann habe ich angefangen, eins ums andere aufzugleisen. Es war klar, dass meine Seele nicht mehr zum Zug kommt, nicht mehr mitkommt… So konnte es nicht mehr weitergehen. Das war das Einzige, das ich wusste.

Was ich daran sehr spannend finde… trotz dieser vielen Schicksalsschläge hatte ich bis 40 immer das Gefühl: Ja, ich bin stark, ich schaffe das alles – also das finde ich auch jetzt immer noch –, und gleichzeitig hat mich dieses Stark-Sein und auch Allein-Sein so richtig aggressiv gemacht, so dass ich gedacht habe: So jetzt ist aber fertig damit! Immer alleine und immer das Gefühl haben, ich muss das prästieren. Und ich glaube, bis 40 oder bis um die 40 habe ich wahrscheinlich daraus auch einen gewissen Nutzen gezogen, bin so aus schwierigen Phasen... ja, da hatte ich das Gefühl, das hat mich gestärkt und so... Und dann habe ich gemerkt, dass da eine Empfindsamkeit oder ein Stück Verletzlichkeit auf der Strecke geblieben ist in diesen Zeiten, die sich jetzt irgendwo ganz fest meldet. Und ich glaube, ich will mich einfach nicht mehr auf das alleine reduzieren. Ich weiss, dass ich viel prästieren kann, das ist ok, das ist eine Fähigkeit, die hatte als Alleinerziehende schon ihren Sinn, aber dass dies nicht mehr das Einzige ist. Ich glaube aber, dass ich oft diese Seite auch nach aussen gezeigt habe. Man hat mich als die wahrgenommen, die alles im Griff hat. Und das hat sich um die 40 ganz massiv verwandelt. Und das hält noch an. Und jedes Mal, wenn ich es erzähle, kommt noch einmal eine andere Facette zum Vorschein.

J a, das Aussen und das Innen, das muss nachher irgendwie zusammenpassen, oder? Aber eben, es geht nicht immer, manchmal wegen Äusserlichkeiten und manchmal, weil man innen blockiert ist. Weil man's sich selber auch nicht immer so einfach macht. Das ist ja auch etwas, das so um die 40 kommt. Dass die innerlichen Sachen wichtiger werden. Irgendwie so dieser Tiefpunkt eben, man 'steckt im Boden' mit 40, und dann geht's ja wieder in die andere Richtung. Und dann werden die Themen auch anders. So, was passiert eigentlich mit dem Leben, was passiert, wenn man stirbt, an was glaubt man… also auch nicht-materielle Sachen werden viel wichtiger. Die materiellen werden unwichtiger. Das ist das, was passiert. Und für dieses Innere, Nicht-Materielle, ist die Natur um mich herum viel wichtiger als meine Arbeitswelt. Oder gibt mir mehr. Hier komme ich diesbezüglich besser vorwärts. In meiner idealen Vorstellung vermisse ich hier nichts. Es genügt, ich genüge mir hier und das Hier genügt, um mich zu erfüllen. Also das ist so die Vision, die Vorstellung, wo ich hinmöchte. Dass ich mit mir selber gut bin, dass ich mit mir selber vorankomme, ohne diesen Aussenaspekt, diese Bestätigung durch die Arbeit und ein gutes Feedback zu brauchen. So…

Ich merke, dass ich mich selber nicht ernst nehme. Ich bleibe auf der Strecke. Ich sprudle, es ist die Fülle, mich fasziniert die Vielfalt, ich verzettle mich auch. In all dem frage ich mich: Wer bin ich? Ich habe mich in den letzten Jahren… verloren. Und auch verausgabt, da muss ich ehrlich sein. Also ich mag schon noch, aber ich merke, dass ich ein bisschen aufpassen muss, weil… ich bin schnell verärgert, wenn etwas nicht geht, ich werde ungeduldig, es wird mir alles zu viel, und dann rufe ich aus. Gut, ich war schon immer ein impulsiver Mensch. Aber das gefällt mir nicht an mir. Ja, ich möchte ein bisschen den Ausgleich haben. Nicht grad sofort ausrufen, wenn etwas nicht geht. Aber das ist einfach so, weil alles am Limit läuft. Das finde ich nicht schön an mir… Also ich kann einfach sagen:

Mich faszinieren Menschen, die ihr Ding machen. Aber wenn ich mir dann vorstelle, ich wäre einfach Delfinforscherin, einfach Delfin… ganz… tief, nur das… da würde mir daneben wiederum ganz viel fehlen. Das bin nicht ich! Also ich komme schon langsam immer näher ans Ding… Aber ich möchte es auch nicht ausreizen. Ich möchte nicht plötzlich einen blöden Unfall machen oder sowas.

Auf die Frage, ob ich zufrieden bin mit dem, was ich bisher erreicht habe, kann ich sagen, ja. Materiell sowieso, absolut ausreichend, genug zum Essen und man kann sich diesen oder jenen Luxus leisten. Für die innerliche Entwicklung bin ich nicht immer zufrieden. Es ist auch die schwierigere Arbeit (lacht), wo man sich mehr verzettelt. Es ist manchmal harzig, manchmal geht's einfacher… Da könnte noch mehr sein. Aber vielleicht auch zu perfektionistisch im Ansatz, das Gefühl, man müsste besser und toller, schneller sein… und dann Geduld haben mit sich… Das sind so Lernfelder, die sind extrem endlos eigentlich.

Wenn Träume in Erfüllung gehen... oder auch nicht

Mein Traum war es nicht, mit 21 schon Mutter zu werden. Doch habe ich dadurch vielleicht so viel wie nirgendwo sonst gelernt: Pläne zurückzustecken, die eigenen Werte zu klären, mich ganz abzunabeln, die Herausforderungen der Erziehung anzunehmen, das Leben an sich zum Beruf zu machen – all das fiel mir ausserordentlich schwer. Hingegen mit 40 drei beinahe erwachsene und ziemlich ‹recht herausgekommene› Kinder zu haben, das brachte wiederum Leichtigkeit in mein Leben. Muss es also ‹der Reihe nach› gehen? Oder helfen einem schwierige Lebensumstände bei der Identitätsentwicklung? Wenn alles nach Wunsch verläuft, hat man dann mit 40 ausgeträumt? Oder werden Kindheitsträume wieder hervorgeholt? Meldet sich das nicht gelebte Leben? Und wenn das Schicksal zuschlägt, sind dann alle Träume zerschlagen?

Mit dem, was ich so erreicht habe, bin ich eigentlich zufrieden. Beruflich habe ich mich verbessert. Das ist sicher nicht schlecht, auch finanziell. Aber der Beruf, den ich jetzt ausübe, ist schon nicht so das, was mir wirklich zusagt. Einfach so von der Karriere und vom Finanziellen her bin ich zufrieden, aber vom Erfüllenden her, nein, das nicht. Aber da denke ich halt, was mich erfüllen würde, da verdient man einfach nicht so gut… Ja eben, im Moment bin ich schon ein bisschen im Zwist. Ich habe doch einen recht guten Lohn und frage mich dann, muss man das aufgeben für etwas, das man gerne macht, und dann muss man mehr arbeiten gehen fürs gleiche Geld. Ist es das wert? Oder beisse ich mich durch und mache halt nicht das, was mir passt, habe dafür das Geld und mehr Freizeit und kann dort machen, was mir passt. Schon früh in meinem Berufsleben habe ich das so, hm… aber dann wurde mir eine weiterführende Ausbildung angeboten, dann habe ich das gemacht, dann habe ich eine Fremdsprache gelernt und so, und dann… dann habe ich schon gedacht, es ist nicht das Wahre. Ja, es war schon immer ein bisschen so. Ja, was auch noch wichtig war, dass ich viel Ferien machen konnte oder mal unbezahlten Urlaub nehmen konnte. Das war mir auch noch wichtig. An einem anderen Ort hast du 4 oder 5 Wochen Ferien, das konnte ich mir einfach nicht vorstellen. Ja, ich musste immer schon 8 Wochen haben… Also früher, bevor die Kinder da waren, ging ich eine Woche bei einem Bergbauern arbeiten, und dann habe ich jahrelang Hirnverletzte betreut in den Ferien. Das hat mich dann auch erfüllt. Das hätte ich nicht aufgeben wollen. Und bei nur 4 Wochen Ferien hätte ich das nicht mehr machen können.

Gut, im Moment habe ich nicht das Gefühl, dass ich komplett etwas anderes machen möchte. Ausbildung und so, da habe ich keinen Willen und keine Kraft dazu im Moment. Ich stecke lieber meine Energie in die Familie als etwas anderes in Angriff zu nehmen. Vielleicht in 10 Jahren oder so. Doch dann stellt sich die Frage, ob es nicht schon zu spät ist.

Und sonst, privat, was ich erreicht habe, da bin ich eigentlich sehr zufrieden. Also ich habe es auch noch geschafft, relativ spät eine Familie zu haben. Es war alles noch im letzten Moment, überhaupt, dass ich noch meinen jetzigen Partner kennen gelernt habe, dass es funktioniert, dass die Kinder dann kamen, es passte alles grad noch so just hinein (lacht)... Manchmal denke ich, es wäre schon schön gewesen, die Kinder früher gehabt zu haben. Vielleicht auch mehr Kinder, das wäre auch noch schön gewesen.

Ich überlege mir, wie es in Zukunft sein wird. Mein Mann möchte z.B. gerne den Kindern das Klettern beibringen. Ob er das dann mit 60 aber noch macht? Andererseits haben wir auch schon viel erlebt, wir sind viel auf Reisen gegangen, und ich bin an einem Punkt, wo ich zufrieden bin. Was ich gesehen habe, ist gut. Aber jetzt muss ich nicht mehr alles sehen, ich kann gut verzichten. Das ist wohl der Vorteil, wenn man ein bisschen älter ist und schon gemacht hat, was man machen wollte.

Aber ich finde, mit 30 wäre es schon besser gewesen. Wenn ich mit jüngeren Müttern vergleiche... die haben mit 50 vielleicht schon Grosskinder. Bei mir, ich bin dann schon fast pensioniert, wenn meine Kinder 20 sind. Und wenn sie im ähnlichen Alter Kinder haben, dann bin ich dann schon 80, dann habe ich auch nichts mehr... Schlussendlich bin ich ja gleichwohl noch froh, dass alles so gekommen ist. Man hat in unserem Alter auch eine gewisse finanzielle Sicherheit. Wir können uns leisten, weniger zu arbeiten oder länger Ferien zu machen. Das hätten wir als 20-Jährige nicht. Das ist das Schöne, das ist der Vorteil.

Ich habe mir wirklich schon mit 14, 15 Jahren so Projekte aufgeschrieben, einfach so in einer Lichtung als Bäuerin tätig zu sein. Ich hatte in meiner Arbeit mit Bauern zu tun, und das hat mir wahnsinnig gut gefallen, ich habe die Bauern einfach gern, ich habe diese Menschen gern, sie haben mich gerngehabt, das darf ich wirklich sagen. Wir hatten es wirklich gut. Aber mir hat immer noch der Schritt gefehlt, einfach selber einen Flecken Erde bewirtschaften zu können, selber unter einer Geiss zu hocken und zu melken… Ich habe es mir immer gewünscht, und ehrlich gesagt war ich auch ein bisschen unzufrieden im Büro, weil ich mir immer etwas anderes gewünscht habe. Und dann war es plötzlich so weit: So, jetzt pack ich es, das machen wir! Also zusammen mit meinem Partner – es ist ein gemeinsames Projekt, aber sicher kommt der Impuls von mir. Ja, und dann habe ich gekündigt, und jetzt sind wir hier. Ein Höhepunkt eigentlich, aber… ich muss ehrlich sagen, es fehlt mir noch ein bisschen der Rhythmus oder eben einfach das Mass. Die Ruhe, in alles hinein Ruhe zu bringen… Manchmal kommt mir die Freude abhanden, weil es einfach zu viel ist. Da bin ich so voll drin. Und irgendwie weiss ich nicht, auf was verzichten, was abgeben, da fühle ich mich auch vielem verpflichtet… Das fasziniert mich schon an der Landwirtschaft, der Kontakt zum Elementaren, zu der Quelle, zum Boden, zur Erde, auch für einen Flecken verantwortlich sein, das Hegen und Pflegen, und einfach auch die Verbindung mit der Erde, mit diesem Ort, den Pflanzen, den Bäumen, den Tieren, das habe ich mir schon gewünscht. Aber eben, jetzt kommt einfach das Aber: Vor lauter Viel habe ich hier wenig Zeit. Das ist eben die andere

Schwierigkeit, dass hier alles stattfindet…!!! Das ist es, was mich jetzt so verstört, ich habe ja alles, ich könnte keinen besseren Mann haben, wirklich. Ich liebe meine Tiere, ich liebe diesen Ort, dieses Flecklein, und bin doch so am…. Ja, ich bin überhaupt nicht in meiner Mitte. Und ich spüre es genau. Mein Herz weiss genau, was ich möchte. Ich spüre meine Sehnsucht und bin so… einfach nicht frei. Und dann rede ich mir wieder zu: Hey, was ist los, bist du so undankbar! … Eben, und ich kaue auf diesem Zeug herum.

Seit ich auf dem Land wohne, ist die Natur viel näher gerückt, die Jahreszeiten machen viel mehr Sinn, sie haben ihre Logik, und ehm… ich habe das wahnsinnig gern, diese Gartenarbeit, wie's wächst und kommt und wie's vergeht, wie man da… Oder im Sommer die Heuerei und die Hitze, wie man da… und dann das Ernten, wenn man dann plötzlich so genug hat mit Draussen-Sein, ich will nichts mehr vom Garten sehen, und sich dann freuen auf den Winter. Das sind Sachen, die ich früher nicht so… früher waren die Winter doof, kalt und dunkel. Und seit ich hier lebe ist das für mich eine wertvolle Zeit, man kann stricken, Tee trinken, Kerzen anzünden… also das hat eine ganz andere Bedeutung gewonnen, die Bedeutung von sich zurückziehen, drinnen sein, wohlig sein, das ist wunderbar. Im Herbst, das ist lustig, da kann man's sich kaum vorstellen, dass man je wieder in den Garten geht, und dann plötzlich so Ende Januar, dann kommt es wieder. Das ist ganz spannend, das ist schön, das zu erleben, dass alles so seine Zyklen hat.

Also ich könnte mir jetzt theoretisch sagen – es ist ja auch eine finanzielle Frage –, ich tauche jetzt voll in das ein und gebe meinen Beruf auf. Das finde ich aber doch eine schwierige Vorstellung (lacht). Also manchmal denke ich, es wäre schön. Aber andererseits erlebe ich es immer wieder sehr bereichernd, mich mit etwas anderem zu konfrontieren, anderen Menschen zu begegnen. Also ich hab's prinzipiell total gut, das ist nicht das Thema. Aber trotzdem einfach so spüren, das Leben ist irgendwo, andere Impulse sind da, ein weiterer Horizont, die Leute in der Stadt sind offener, Multikulti, das habe ich auch sehr gerne, das tut mir auch immer wieder sehr gut. Ich kann mich z.B. sehr in Problemen verheddern oder so. Man hat etwas und steht sehr nahe drauf, und dann braucht es einen Tag Arbeit in der Stadt, und wenn ich heimkomme, finde ich es gar nicht mehr so schlimm. Dieser Wechsel ist auch wohltuend, dieser Perspektivenwechsel. Und andersherum genauso. Früher, als ich hochprozentig gearbeitet habe, vieles einem belastet hat, war das nicht so. Das habe ich jetzt nicht mehr, also wenn ich arbeite, dann bin ich sehr frisch, motiviert, und finde es dann auch nicht schlimm, wenn's mal kompliziert ist. Dann weiss ich, ich geh ja wieder heim und vergesse das dann wieder. Das ist es, was ich sehr schätze an diesem beiden. Hier… ist es einfach wie es ist. Hier kommt nichts Neues. Das hat auch etwas Gutes. Das ist verlässlich. Und dort kommt so von aussen etwas sehr Luftiges. Man weiss nie, was kommt. Da kommen viele gute Sachen und andere nicht so gute, und es kommt, ohne dass ich gross etwas dafür mache… Das finde ich, ist schon ein wichtiger Aspekt der 'Aussenarbeit', dass man einfach Bestätigung bekommt aufgrund der Profession, man gehört dazu.

Also das ist auch so etwas: Wenn man die äusseren Ziele erreicht hat, man hat eine Ausbildung gemacht, die man wollte, man hat sich einen Traum erfüllt, und dann… merkt man, da geht so ein Raum auf, dann gibt's plötzlich so Lernfelder, die sind… nicht mehr so greifbar, nicht mehr so schnell abzuhaken, zu erledigen. Das ist sehr spannend, aber auch schwerer zu händeln. Je nachdem. Sehr erfüllend auf eine Art, unglaublich wertvoll, aber nicht mehr so vorzeigbar, nicht so resultat- oder ergebnisorientiert …

Schon im ersten Jahr meiner Lehre war es mir klar, dass ich nicht allzu lange auf diesem Beruf arbeiten will. Als ich die Ausbildung fertig hatte, konnte ich 60% arbeiten und nebenbei schaute ich im Elternhaus zu allem. Aber mit 22, 23 habe ich gedacht, dass kann's ja wohl nicht sein, und bin gegangen. Ich bin in eine WG gezogen, ich finde das heute noch cool, dass ich trotzdem gehen konnte, dass ich so fand, ja, das habe ich jetzt gemacht, das war gut, aber jetzt geht es weiter. Das ist der Teil in mir, den ich mir nie habe nehmen lassen, so der Unabhängigkeits Teil… Mein Vater sagte, reicht dir eine Ausbildung nicht, muss das noch sein? Aber er hat nie gesagt, es geht nicht.

Ich denke, es hat mich auch geprägt, dass ich beruflich in eine neue Richtung gekommen bin. Da kam so eine Seite heraus, wo ich gemerkt habe, dass ich gut für andere sorgen kann. Es interessiert mich auch. Aber eben, es ist so (lacht)… auch zweischneidig. Und als junger Mensch, da gehst du voll hinein, bis du merkst, das ist es nicht. Das Gute ist aber, dass ich das gemerkt habe, dass ich weggegangen bin und etwas Nächstes angepackt habe. Ich denke, so bin ich auch zu meiner Berufung gekommen. Ja, in meinem Beruf fühle ich mich daheim. Ich denke, es spezialisiert sich jetzt noch mehr... ich finde Lebensgeschichten, Biografien, Übergänge spannend... das kommt jetzt so schwerpunktmässig. Ich höre ja viel zu und ich lasse die Leute erzählen, weil ich finde, das ist wichtig und wertvoll. So mit Menschen in einen Prozess gehen, das gefällt mir. Und das kann ich in meiner Arbeit fest ausleben, das ist so, da muss ich mich nicht verstellen. Und auch in schwierigen Zeiten, da habe ich gemerkt, wie mir diese Arbeit guttut. Weil ich mich dort sicher fühle, eine Struktur und Klarheit, die mich über Wasser gehalten hat. Also wenn man mir dann die Arbeit weggenommen hätte, das war ein ganz stabiler Pfeiler, das wäre nicht gut gewesen. Dass ich das schon lange mache, dort auch meine Rolle gefunden habe, das hat sehr viel Kraft gegeben, in all dem anderen, das unklar war.

Ich hatte so eine Idealvorstellung wie das Leben sein könnte oder sein sollte. Bis etwa 16 fiel mir alles relativ leicht, die Schule, keine grösseren Schwierigkeiten, und jetzt... jetzt bin ich so erschüttert worden im Leben. Man hört ja immer wieder so von Schicksalsschlägen. Und der Tod meiner Mutter während meiner ersten Schwangerschaft, ja, das war auch nicht leicht. Ich hätte gerne meine Mutter noch gehabt. Aber irgendwie war es dann doch ein natürlicher Verlauf, sie war krank, und es ist auch normal, dass die Eltern mal wegsterben. Aber ich habe damit gehadert. Ich hatte am Anfang sehr

Mühe, wenn ich eine andere Mutter mit ihrer Mutter und ihrem Kind gesehen habe, das hat mir einfach sehr weh getan. Ich hätte das auch gerne gehabt. Und jetzt – der tödliche Unfall von meinem Sohn... das hat mich so erschüttert in dem Sinn, dass nichts sicher ist, ehm... und du kannst das Leben nicht planen, du musst es so nehmen, wie es ist, und dann versuchen das Beste daraus zu machen. Ja, ich bin so ein bisschen von der Euphorie weggekommen... Ich habe gemerkt, dass ich überhaupt keine Kontrolle mehr habe... Ich konnte mich nicht darauf vorbereiten... und vor allem, das kann *mir* passieren. Bis dahin waren es immer alle anderen. Du gehst immer von einem Selbstverständnis aus... Ich ging nie davon aus, dass mir das passieren könnte... Danach gab es Beziehungsschwierigkeiten, ich habe einige Leute nicht mehr vertragen, die in dem Selbstverständnis drinnen noch leben (lacht), ich habe dann gedacht, ja, sie leben in diesem Selbstverständnis, in dem ich vorher auch gelebt habe, und ich weiss es jetzt, so ist es nicht. Und diese machen einfach so weiter...

Ich habe jetzt noch viel mehr Kontakte mit Leuten, die es auch schwierg haben. Sei es... eine Kollegin hat ihre Tochter in der Psychiatrie, oder sonst etwas. Da merke ich, wir können miteinander reden, darüber, um was es im Leben eigentlich geht. Wirklich so, was ist überhaupt wichtig im Leben. Ich merke, dass es eine andere Tendenz annimmt... Ja, und dass, wenn ich dem aber auf der Spur sein will, dass ich auf diesem Weg, der jetzt noch schwerer und strenger ist, dass ich auf diesem tieferen Weg bleiben muss. In der Hoffnung, oder... ja, dass ich irgendwann wirklich eine alte weise Frau bin (lacht)... Und irgendwie auch... ich bin immer wieder so beeindruckt von Leuten, die trotz aller Widrigkeiten so etwas ausstrahlen… das finde ich ist ein gangbarer, schöner Weg. Das Ereignis ist sicher schwer, aber ich habe auch ganz viel… ich würde jetzt trotzdem sagen, ich stehe auf der Sonnenseite des Lebens. Das empfinde ich immer noch so… Ja trotz allem, ja, das habe ich das Gefühl. Das tönt jetzt vielleicht überheblich, aber ich habe das… Ich habe auch die anderen Momente, in denen ich das alles Scheisse finde, wieso muss uns das… undundundund. Aber so eine Grundtendenz ist trotzdem da…

Wir konnten so schön aufwachsen, da habe ich einen so guten Boden bekommen. Diese Bedingungen haben ja nicht alle. Und wenn man einen guten Boden hat, glaube ich, dann kann man auch vieles gut bewältigen. Ich habe mich auch schon gefragt, ob es Eltern früher auch schon so gegangen ist. Wenn sie so 10 oder 12 Kinder hatten, die konnten ja gar nicht den Anspruch haben… etwas für die Kinder zu wollen. Ja, das lag wohl nicht drin. Sie waren mit sich und dem kargen Leben beschäftigt. Und der Tod hat dazugehört… Meine Grossmutter hat zwei Kinder verloren, meine Mutter war ein Einzelkind. Das erste Kind hat ein oder zwei Tage gelebt, und das zweite ist nach der Geburt gestorben. Das kommt mir jetzt in den Sinn. Ich habe sie nicht mehr gekannt, aber meine Mutter hat davon gesprochen. Hat man die gefragt, hat man sie unterstützt, wie wir heute unterstützt werden? Hat sie die Möglichkeiten gehabt, die ich heute habe? Nein, das hat man alles nicht gehabt. Sie ist aufgestanden und hat weitergemacht. Ja, es ist ihnen nichts anderes übriggeblieben. Das hilft mir dann schon auch, ich sage mir dann, jetzt tu nicht so… da wird man ein bisschen demütiger. Es geht mir immer noch gut, ich stehe auf der Sonnenseite im Leben, ich habe so viel Positives erlebt, wir sind so getragen worden, als dies passiert ist. Zwei Tage nach dem Unfall haben viele Freunde und Bekannte von uns hier unten im Schnee ein Herz gestapft und mit Rechaud-Kerzli ausgelegt, so eine schöne Geste. Dann merkst du, du bist nicht allein, du bist getragen… Hat sie das gehabt, meine Grossmutter? Meine Mutter hat erzählt, sie hätte auch gerne Geschwister gehabt, und sie hat noch an den Storch geglaubt. Und die Nachbarsfamilie hatte 14 Kinder, und manchmal, wenn wieder ein Kind geboren wurde, habe sie das Fenster geöffnet und gesagt, der Storch könnte doch auch mal bei ihnen landen. Und ihre Mutter habe nie darüber gesprochen. Der Vater habe später davon gesprochen, nachdem das 2. Kind auch noch gestorben war, da ging es der Mutter wirklich nicht gut. Dann denke ich, hei nochmal, die gute Frau. Sie war nicht getragen, das war dann halt einfach so. Oder vielleicht noch Strafe Gottes, das hat es ja früher auch noch geheissen.

Beruflich bin ich im Moment… bin ich einfach froh, dass ich eine Arbeitsstelle habe, wo ich einfach so sicher bin. Sicher im Sinn von: Es ist eine Arbeit, die ich gut leisten kann. Auf der vorigen Stelle… habe ich mich einfach nicht sicher gefühlt und das war ungut. Ich merke aber jetzt schon auch, dass ich das vielleicht nicht immer so weitermachen will. Ja, so gut wie's mir gefällt, es ist schlussendlich immer wieder das Gleiche. Aber in der jetzigen Situation, wo halt unsere Familie durchgerüttelt wird, hat grad gar nichts Neues mehr Platz… Ich bin auch zufrieden mit den 40%, ich möchte das nicht ändern. Auch genug Zeit haben, um Kontakte zu pflegen, das ist mir auch sehr wichtig. Das richte ich mir so ein… Ich habe durch alle Lebensjahre immer gute Freundinnen gehabt. Und ich merke jetzt, wie tragend so etwas ist. Denn ich verarbeite vieles durchs Reden, da wird mir oft auch einiges klarer, und weil ich auch gerne Geschichten habe, ich höre gerne zu, wenn mir jemand etwas erzählt. Da bin ich so froh darum. Mein Mann sagt mir oft, du hast ein gutes soziales Netz, das habe ich nicht. Ich antworte ihm dann, dass es einem schon auch nicht einfach zufliegt. Und ich habe ihm auch gesagt: Das ist ja auch nur möglich, weil du mir den Rücken freihältst und mir diese Freiheit auch lässt. Und vielleicht sind wir Frauen auch ein bisschen anders. Er ist mehr der Einzelgänger. Und da ich selber nicht aus einer grossen Familie komme – nur ein Bruder, die Eltern leben nicht mehr – dadurch habe ich immer schon die Fühler ausgestreckt, weil ich das brauche.

Ich konnte auch immer arbeiten gehen im Wissen, dass es zuhause funktioniert. Die Mutter meines Mannes ist früh gestorben – er war 12-jährig –, und ich interpretiere das immer so, dass er dadurch sehr selbstständig wurde. Er ist nicht der Pascha, der davon ausgeht, dass ihm alles erledigt wird. Ich konnte immer arbeiten gehen und er hat alles gemacht. Er schaute zu den Kindern und erledigte den Haushalt besser als ich. Das wäre sonst ja nicht gegangen mit meiner unregelmässigen Arbeit. Es kann ja nicht sein, dass ich dann die Doppelbelastung habe. Und ich glaube, wenn ich nicht hätte auswärts arbeiten können… das war mir immer wichtig… Ja, mein Mann ist auch froh, 80% zu arbeiten, einmal hat er sogar nur 60% gearbeitet, er ist froh, dass er nicht 100% muss, und das geht gut, weil er es zuhause auch wirklich gut macht.

In dieser Hinsicht klappt das bei uns gut. Wir haben andere Herausforderungen…

Bei mir hat das eigentlich schon mit 38 angefangen, das hat viel mit meinem jetzigen Partner oder den vorherigen Jahren zu tun. Damals mit 38, da hatte ich eine eher kurze Beziehung, aber mit sehr viel Hoffnung, auch beruflich hatte ich das Gefühl, jetzt geht's in eine andere Richtung, und das war dann nicht so. Also: Nochmals zurückgeworfen werden, das ist jetzt alles nichts, keine Ahnung – Krise. Ja, das war wirklich schwierig, diese Zeit. Und, ehm... wie so ohne Plan eigentlich. Ich habe zu mir gesagt: Ja, jetzt werde ich dann 40, bin alleine, die Arbeit ist auch nicht gerade... ja, was will ich denn eigentlich? Ich weiss es nicht. Und auch die Frage, was war denn immer in deinen Träumen, was wurde aufgeschoben? Das kam nochmals so stark auf, dieses Zurückschauen, und ich musste mir sagen: Eigentlich ist es ja da, du musst es gar nicht so weit suchen gehen! Das war dann recht befreiend.

Ja der Wunsch nach einer Partnerschaft war immer noch da, aber nicht einfach nur so um... 'Theater' zu haben, das dann doch nicht mehr. Entweder hat es einen Boden... wie ich es mir vorstelle, nicht die genaue Form, aber die tiefen Werte, die stimmen müssen. Also entweder ist es einigermassen möglich, oder wirklich... dann halt nicht. Ich bin selbstständig, ich arbeite, ich komme klar. Und dann ging es mir das erste Mal wieder recht gut. Und dann begegnete ich meinem jetzigen Partner (lacht)... Ich habe ihn schon vorher gekannt, bin auf ihn zugegangen, ich fand ihn wirklich toll, aber ich musste mir dann sagen, es geht nicht. Ich wollte mich nicht unnötig lange in etwas verrennen, das nicht ist. Er kann und will nicht, also probierte ich, loszulassen und abzuschliessen. Und als *er* dann den Kontakt zu mir suchte, habe ich mir zuerst gar nicht viel dabei gedacht... Und jetzt habe ich eine Partnerschaft, bei der ich sagen kann: Ich bin noch nie so sehr mich selbst gewesen. In früheren Beziehungen hatte ich immer das Gefühl, ich muss so viel tun, dass es geht, und es lief dann trotzdem schlecht. Schon auch gute Erfahrungen, aber irgendwie war ich nicht wirklich wohl. Jetzt bin ich viel mehr mich selbst. Es ist nicht alles perfekt, aber es ist eine gute Beziehung. Ich kann mir vorstellen, mit meinem Partner lang durchs Leben zu gehen. Eben auch das, mal anzuschauen, was man hat. Und eben vielleicht auch einander mehr sein lassen. Das auch schätzen, dass er mich lässt – er hätte es vielleicht manchmal auch gerne ein bisschen anders.

Jetzt kommt mir noch etwas in den Sinn, das hat auch mit Partnerschaft zu tun. Ich war 25 oder 26, als ich eine Beziehung hatte, es waren so 6 intensive Jahre. Da war das Thema Familie und Kinder aktuell, denn dieser Mann hatte ja schon Kinder. Wenn heute Gleichaltrige über ihre Kinder erzählen, dann merke ich, dass ich das schon kenne. Dass ich dieses Thema schon früher bearbeitet habe, das hat mich schon geprägt. Viele intensive, schwierige Jahre, dann viele Jahre immer wieder Hoffnung. Und jetzt plötzlich mit meinem Partner, jetzt ist es möglich. Es ist das erste Mal, dass ich nicht das Gefühl habe, ich muss dies, ich muss das. Ich *bin* einfach, und es geht. Das ist sicher auch vom Partner abhängig. So ist es.

Wo stehe ich beruflich? Ist es das? Diese Fragen waren schon mit 20 da. Ich habe ja schon vor der Lehre davon gesprochen, in die Entwicklungshilfe zu gehen. Was ist denn damit? Wäre das noch möglich? Soll ich noch eine Ausbildung machen? Es ist ein Zurückschauen... Ich mache meine Arbeit, ich kann ein bisschen die Freizeit gestalten, aber ist es das? Ich möchte irgendwo noch mein Herzblut geben… da bleibe ich jetzt dran. Alles, was mich annähernd interessiert, schaue ich an. Meine Ausbildung ist eine gute Basis, ich habe schon 20 Jahre Erfahrung. Und es ist nicht mehr so, dass ich gewisse Sachen nicht mehr machen kann, weil ich in einer Beziehung stehe. Das finde ich schön. Ich bin vielseitig interessiert, das hat auch schöne Seiten. Aber sich einmal festlegen, sich entscheiden, das ist das Andere. Ich habe das oft als Nachteil gesehen. Jetzt stehe ich mehr dazu, aber die Vielseitigkeit, das zu integrieren… sich nicht im Äusseren zu verlieren… Es könnte auch phasenweise etwas anderes sein. Auch eine ehrenamtliche Aufgabe. Irgendwo muss ja der 'Brotjob' auch sein… Ich habe den Verdacht, dass ich da etwas verschiebe. Dass ich mein Engagement, meine Aufgabe verschiebe. Und in 10 Jahren sieht es wieder anders aus. Aber so da dranzubleiben, ohne zu warten…

Ich habe einen Job, der mir gefällt, den ich gerne mache – es ist eine Momentaufnahme, wenn ich das heute so sage –, vielleicht nicht immer, aber den ich mir zumindest vorstellen kann, noch weiter zu machen. Ich habe einen Mann, den ich gernhabe, von dem ich das Gefühl habe, wir passen eigentlich recht gut zusammen, mit dem ich (lacht) auch alt werden möchte. Ehm… ich habe Kinder, die mir sehr Freude machen. Ich bin wirklich glücklich in der Situation, in der ich bin. Es gibt nicht etwas, das ich grundsätzlich anders haben möchte.

Und doch ist da irgendwie so eine Wehmut... Ich will es vielleicht so sagen: In meiner Jugend wusste ich nicht, welche Ausbildung machen. Es wären sooo viele Sachen für mich in Frage gekommen, wo ich auch das Gefühl habe, auch wenn ich diesen oder jenen Weg eingeschlagen hätte, ja, das wäre auch okay gewesen. Gut, ich habe mich dann für eine Ausbildung entschieden, im Sommer habe ich teilweise im Service gearbeitet, nachher Aushilfe gegeben in der Berufsschule und noch allerlei anderes... also einfach die vielen Möglichkeiten, die da einem zur Verfügung standen, oder auch diese Vielfalt... Ich habe das gerne gemacht, ich habe das geschätzt und das hat mir gefallen. Man musste sich da auch noch nicht so verpflichten. Es war für mich zum Beispiel sehr schwierig, als ich dann meine jetzige Stelle angenommen habe... Es war irgendwie... ehm, ich war sehr jung. Ich habe da wirklich mal so einen Pfosten eingeschlagen. Klar, du kannst gehen, du bist dort nicht verheiratet, aber wenn du gehst, dann bist du einfach gegangen. Aber es war dann schon relativ fix. Das war noch schwierig. Auch zu merken, jetzt bist du hier. Damals wusste ich nicht, will ich in Bern, in Zürich, im Ausland sein, was kommt alles in Frage. Das wäre ja alles möglich gewesen. Viele Ideen, auch damals irgendwie hanebüchen... aber dieses Gefühl, die Möglichkeiten, die ganzen Möglichkeiten, die man dann hat... Und jetzt siehst du, dass ganz vieles potenziell gar nicht mehr möglich ist. Das finde ich, irgendwo... ein bisschen eine Wehmut ist da drin. Aber nicht – wie soll ich jetzt das sagen – es ist nicht... total negativ besetzt. Es *ist* einfach so. Aber es ist so, weil das Alter das mit sich bringt. Und das heisst einfach auch, ich *habe* jetzt ein gewisses Alter. Ich bin nicht mehr die... die Jugend, die da spricht. Es wird einem auch nicht mehr alles verziehen. Du hast Verantwortung mit Familie, Beruf, in einem Ausmass, in dem du sie vorher nie gehabt hast. Aber es gibt einem im gleichen Moment auch sehr viel zurück.

Ich kann mir schon neue Herausforderungen vorstellen. Zum Beispiel auch hier, in diesem Job. Ich könnte mal etwas anderes entwickeln, einen neuen Weg ausprobieren, denke ich. Aber ich habe eher das Gefühl, dass diese Herausforderungen nicht mehr so grundsätzlich sind, wie wenn du jung bist. Wo du noch einen Beruf finden musst, wo du eine Ausbildung machst, wo du einen Posten finden musst, der dir passt, wo du einen Partner finden musst, eine Familie gründen musst... also musst... das alles, dieses Viele. Eher, dass man noch etwas beruflich verändert oder dass man an der Wohnsituation etwas ändert. Schon, dass es nochmals so Sachen gibt. Aber so das ganz grosse Umwälzende, das habe ich schon das Gefühl, das ist vorbei. Es ist vielleicht so wie bei einem Hausbau: Das Gerüst, die Grundpfeiler sind eingeschlagen. Jetzt wird noch verziert, ausgebaut, angebaut, mal etwas abmontiert und neu gemacht, etwas verändert, aber... Ich glaube nicht, dass ich das noch einmal abreissen will und ein anderes Haus an einem anderen Ort baue. Jetzt geht es ums Gestalten, Ausbauen... ja. Was ich eben das Gefühl habe, dass ich in einer Situation bin, sowohl beruflich als auch privat, die mir auch wieder viel offenlässt und mir viele Möglichkeiten bietet. Gut, momentan haben wir noch kleine Kinder, da ist es schon noch eine fixe Struktur, aber schon in ein paar Jahren sieht es ein bisschen anders aus, da ist man dann wieder viel flexibler in Sachen Unternehmungen...

Vom Loslassen

Die Schweizer Psychotherapeutin Verena Kast beschreibt, dass in der Lebensmitte von vielem, was zuvor gegolten hat, Abschied genommen werden muss. «Die hochfliegenden Pläne der jungen Jahre, die dem Leben Richtung, Anreiz und Herausforderung gegeben haben, sind eingelöst oder eben nicht eingelöst. Der Zusammenstoss des Unmöglichen mit dem Möglichen hat dem Menschen seine Grenzen aufgezeigt, keine starren, sondern verschiebbare, aber keinesfalls mehr ins Unendliche verschiebbare Grenzen. Der Mensch lernt, dass er ein gewöhnlicher Mensch sein darf, aber auch ein gewöhnlicher Mensch sein muss. Gewöhnlich sein zu dürfen und zu müssen aber bedeutet, dass wir von vielen Grössenideen und übertriebenen Ansprüchen Abschied nehmen dürfen und müssen.» (Der Mythos der Vierzigjährigen, in: Sisyphos. Vom Festhalten und Loslassen, 103 ff.).

Ja, wer kennt sie nicht, diese stille Stunde der Wahrheit?! Welche Möglichkeiten ergeben sich aus diesem – nach Verena Kast bezeichneten – «Einwilligen in menschliches Mass»? Ist nicht stets auch eine Befreiung mit dabei? Mit jedem Loslassen öffnen sich doch neue Türen, lösen sich Knöpfe, zeigen sich andere Qualitäten – und ganz gewiss auch neue Herausforderungen.

Ich kann mal erzählen, wie das mit meinem Partner gegangen ist. Das ist eine spannende Geschichte. Ein Arbeitskollege erzählte mir, er habe über 'parship' im Internet seine Partnerin des Lebens gefunden. Und dann habe ich gedacht, das ist jetzt ein Wink vom Himmel, ich muss das jetzt auch machen. Ich habe lange gesucht, hatte dann ein Sechs-Monats-Abo, und hatte dann richtig Stress… überall Männer besuchen und Männern nachrennen. Ich war überfordert. Das war wie ein Katalog, wo man Männer aussuchen kann, mit Hobby, mit Alter, mit… so… Es ist natürlich nichts passiert. Aber ich hatte das Gefühl, es muss jetzt einfach gehen. Als das Abo fertig war, zwei Wochen später habe ich meinen Partner getroffen. Und… und… wir haben es nicht ausgesprochen, zwei Wochen später sind wir zusammengezogen. Eine Freundin von mir kannte ihn, und sie sagte zu mir: Mach langsam, er ist jetzt wieder Junggeselle, er geniesst das. Und ich habe ihr das geglaubt, aber er war dann noch fast schneller… Eben, so zum Sagen, wenn ich loslassen kann, dieses 'parship'-Zeug, und ich wusste dann, einen Mann zu finden, das kann nicht so kompliziert sein. Einfach so, zwei Wochen später…

Bei mir kam vor 1 ½ Jahren so stark auf, als ich alleine auf einer Insel in den Ferien war, dass ich das erste Mal das Gefühl hatte: So, jetzt komme *ich*. Obwohl ich sonst ja nicht immer erhobenen Hauptes… mich schon immer noch recht schnell in Frage stelle. Aber einfach… jetzt musst du nicht mehr nach hier und dort rennen, mach doch einfach, du wirst nicht jünger… Und in den vorhergehenden Jahren immer wieder Bekanntschaft, immer wieder Hoffnungen, immer wieder doch schwierig…

Da habe ich begriffen, was damit gemeint ist, mit dem Loslassen. Das haben mir immer alle gesagt. Aber ich hatte schon jahrelang das Gefühl, ich habe schon alles losgelassen, es ist doch alles schon gut und durch! Dass dies ganz ein anderes Loslassen ist, weil ich mich auf mich konzentriert habe, und nicht wie vorher – da war immer auch Resignation oder Bitterkeit oder Enttäuschung dabei – und dann zu merken: Es ist doch eigentlich gut, ich habe es mir zwar anders vorgestellt, aber es ist gut.

Das Lieblingsmärchen von meinem Partner ist 'Der Sterntaler', wo du einfach so aufmachst und dann fallen dir die Sterne zu. Und ich bin aber einfach die, die macht und umherspringt und das Gefühl hat, sie müsse alles halten. Und dann sagt er auch: Warum machst du dir das Leben so schwer? An diesem Punkt bin ich. Eigentlich hab ich's ja so schön, aber all diese Aufgaben und all das Zeug, das lade ich mir ganz alleine auf. Und warum mache ich das? Habe ich das Gefühl, es würde sonst nicht genügen? Oder… das finde ich einfach noch nicht richtig heraus. Das fehlt mir das Vertrauen, oder… In der Natur, das ist ja genial, wie sich da alles fügt. Da habe ich dagegen nicht viel zu berichten.

Mein Partner sagt mir auch: Du nimmst dich zu wichtig. Ich finde das eigentlich nicht. Ich möchte ein guter Mensch sein, ich möchte mit mir wieder besser ins Reine kommen. Für mich ist es nicht das Wichtig-Nehmen. Wir haben ja auch gar nicht richtig gewusst, was uns hier erwartet. Es ist so viel Neues auf uns zugekommen, wir haben viel ausprobiert, und ich bin halt eine, die 'Ja' sagt, wenn etwas auf mich zukommt. Das ist ja auch ein schöner Zug, es ist auch 'Ja' sagen zum Leben und zu dem, was ist. Aber man müsste glaub ich doch mal einen Stopp machen, bevor es zu viel wird.

Eine bestimmte Konstellation, in der man drinsteckt, ist nicht das Einzige... da ist innen auch etwas parat dafür... das spielt zusammen. Das ist für mich jetzt klar. Das Aussen gibt noch die nötigen Impulse. Es ist nicht ein Entweder – Oder, das habe ich fest gespürt. Es war aber nicht immer so, dass ich die Bereitschaft hatte... ich war ganz lange in diesem Widerstand. Bis ich gemerkt habe, so geht es nicht. Ich musste mich von der Vorstellung verabschieden, wie ich mit meinem Kind in der Gesellschaft eingebettet bin. Ich hatte die Idee, dass jetzt, wenn ich Mutter bin, auch andere zu mir schauen. Als klar war, dass ich alleinerziehend bin, hatte ich die Vorstellung, dass ich mich dann mit anderen Müttern zusammentue oder in einer WG wohne. Von solchen Vorstellungen musste ich mich lösen. Ich habe fest nach einer Form gesucht, nicht alleine mit meinem Kind zu sein. Ich konnte mir das einfach nicht vorstellen. Ich habe immer gedacht, wir sind in unserer Gesellschaft so weit, dass eine

Mutter nicht alleine mit einem Kind durchs Leben gehen muss. Aber nach jedem Suchen realisierte ich, dass es nicht das ist, was ich mir gewünscht habe, wonach ich mich gesehnt habe. Ich habe zwar andere Frauen gefunden, aber es hat sich mit niemandem eine lebbare Form ergeben. Und irgendwann musste ich diese Vorstellung 'ich bin allein mit meinem Kind', die ich so nicht wahrhaben wollte, loslassen. Das habe ich fast nicht ertragen. Diese Verantwortung ganz zu akzeptieren, sie niemandem abzugeben. Als ich diese Vorstellung losgelassen habe, habe ich nicht mehr so im Aussen gesucht. Und gemerkt, eigentlich habe ich es ja hier, an diesem Ort *sind* Frauen und Kinder. Zuvor habe ich noch mit einer Freundin nach einer gemeinsamen Wohnmöglichkeit gesucht. Aber da habe ich auch wieder so wie eine Ablehnung erfahren, wo ich dann merkte... so geht es nicht.

Ein Gedanke, der mich im Moment immer wieder beschäftigt, ist das Älterwerden meiner Eltern, sie sind momentan noch voll 'im Schuss'... gesund, aber das wird nicht immer so bleiben. Da geht es ums Loslassen. Und da habe ich immer grosse Mühe... Das ist sicher eine Lebensaufgabe von mir, dass ich daran arbeite. Ich habe das schon als Kind nicht gut gekonnt. Es war für mich immer ein Problem, das Alte hinter mir zu lassen und Neues anzufangen. Und das ist noch jetzt so, da wird es schwirig.

Ich würde sagen, bis zur Lebensmitte ist man mehr nach aussen orientiert, danach mehr nach innen. Und dann hat man ja auch an diesem tiefsten Punkt ein bestimmtes Rüstzeug, irgendwie auch so sein Rucksäckli dabei, und dann spürt man auch deutlich, was einem fehlt… Für mich ist das oft das Selbstvertrauen… und dann frage ich mich, wieso fällt mir das so schwer, das zu mobilisieren?

Aber ich bin froh, dass ich noch nie so stark aufs Materielle bezogen war. Also natürlich, uns geht's ja wahnsinnig gut, wir haben alles, können uns das leisten, was wir uns wünschen. Aber ich hatte nie diesen Drang nach immer mehr. Da bin ich sehr froh darum, weil das ja auch ein ganz grosser Irrtum ist. Für mich war aber lange Zeit das Spirituelle nicht wirklich ein Thema. Bis so 30 vielleicht gar nicht oder ganz wenig. Materielles war mir zwar noch nie wahnsinnig wichtig. Karriere oder Besitz, das war nie ein grosses Thema. Und trotzdem hat sich jetzt das alles intensiviert. So Fragen wie: was möchte ich eigentlich, was ist wichtig, was denke ich, wie stehe ich in dieser Welt, wie handle ich, was kann ich bewirken – auch mit feinen Sachen –, was möchte ich, was wertschätze ich, wovor empfinde ich Demut, Ehrfurcht, an was glaube ich? Das sind Sachen, die mich beschäftigen. Das ist viel intensiver geworden so ab Anfang, Mitte Dreissig.

Ich habe mich schon immer mit solchen Sachen beschäftigt, schon durch den Beruf, ich dachte immer, es gibt noch etwas zwischen Himmel und Erde. Das Spirituelle begleitet mich schon länger. Und das ist halt jetzt einfach noch stärker seit dem Verlust meines Sohnes. Die Sinnsuche oder so. Ich fühle mich getragen vom Spirituellen. So ein Pierre Stutz oder Anselm Grün... oder auch unsere Pastoralassistentin, die ist sehr offen... Aber mit Rom, damit habe ich Mühe, das ist nicht die Form, die mir passt. Ich glaube, dass man eine Aufgabe hat auf dieser Welt, dass man sich eine Aufgabe 'gefasst' hat, dass man diese bewältigen muss... und dann zurückgeht, entweder in den Himmel oder dann... ich glaube sogar an eine Wiedergeburt.

Inmitten von Generationen, Rollen und Aufgaben

Mit 40 änderte sich der Zugang zu meinen Eltern nach einer langen Phase, in der mir meine Unabhängigkeit wichtiger gewesen war als die Kontaktpflege. Ausgelöst durch die teilweise notwendig gewordene Betreuung der Eltern fand eine Annäherung statt, und zu meiner Überraschung auch mehr gegenseitiges Sein-Lassen. Zu dieser Zeit waren meine Kinder schon relativ selbstständig, so dass bei mir nicht das typische ‹Sandwich-Gefühl› auftrat. (Das kam erst später, als meine Mutter ihre letzten Lebensjahre im Altersheim verbrachte und ein Enkelkind nach dem andern sich anmeldete…)

Eine Freundin von mir machte sich mit 40 auf die Spuren zu ihrem Vater, den sie nur aus den Erzählungen und der Sichtweise ihrer Mutter gekannt hatte. Ihr ganzes inneres Erbe antreten konnte sie erst, als sie sich auf eine abenteuerliche Reise nach Afrika begab – an den Ort, wo ihr Vater gewirkt hatte. Dort wurden ihr die Augen geöffnet und das einseitige Vater-Bild korrigiert. (Leider ist das Buch «Erbin zweier Väter», in dem sie ihre Erfahrungen festgehalten hat, vergriffen.)

In meiner Praxis für Bewegung, Entspannung und Beratung behandelte ich einmal eine junge Frau, die ungewollt kinderlos war. Sie hatte zusammen mit ihrem Partner schon einige medizinische Abklärungen vornehmen lassen. Da sie jedoch der

Spitzenmedizin eher zögernd gegenüberstand, war die Frage: Wie weiter? Es stellte sich bald heraus, dass das wichtigste Ziel darin bestand, die Frau von ihrer Fixierung zu befreien.

In einer kleinen Frauengruppe, die ich mit 38 ins Leben gerufen hatte, war eine zentrale Frage: Wer bin ich als Frau? Wo ist mein Platz, wo finde ich mich, wo werde ich frei von meinen Rollen als Tochter, Partnerin oder Mutter wahrgenommen? Für einige Teilnehmerinnen war dies eine emotional stark aufwühlende Konfrontation.

In der Auseinandersetzung mit so tradierten Normen oder Vorstellungen, ja, da habe ich das Gefühl, dass sich in diesem Bereich viel tut. Seit letztem Jahr empfinde ich mehr Frieden gegenüber dem Elternhaus, mehr Verständnis... Ja, ich habe mich immer wieder aufgelehnt (lacht). Ich habe aber gemerkt, dass diese Kämpfe nichts bringen und dass ich auch das sein lassen muss. Es ist eine andere Generation, ich muss das anerkennen, aber nicht so, dass ich alles übernehmen muss. Und das darf sein, ohne dass ich das andere schlechtmache. Wir machen es anders, Punkt. Genau wie meine Eltern von mir auch nicht alles super finden, so ist es auch umgekehrt. Es ist auch hier dieses Sein-Lassen und sich auf sich besinnen. Seit ich mit meinem Partner zusammen bin, ist der Fokus mehr auf mich und die Beziehung. Die fordert mich dazu heraus, und das ist gut.

Ich habe auch in der Familienphase durchgehend auswärts gearbeitet. Nur einmal habe ich zwei Jahre nicht gearbeitet, aus verschiedenen Gründen hat sich diese Pause ergeben. Da war ich extrem auf der Suche, da wusste ich, dass ich irgendetwas machen muss. Ich schätze das auch sehr, dass ich das mit meinem Mann so 'jobsharing'-mässig handhaben kann. Ich merke, dass es für mich fast selbstverständlich ist. Schon mein Vater hat alles gemacht, er konnte kochen, obwohl er schon alt war – er war 46, als ich geboren wurde, er hat spät geheiratet – und er war ein bisschen ein Frauenrechtler, er war sehr für Bundesrätinnen und so. Meine Mutter hat dann immer gespöttelt und gesagt: Ja das kann er schon sagen, solange er zuhause jemanden hat, der ihm alles macht (lacht). Ja, er war so offen, er fand überhaupt nicht, dass eine Frau an Haus und Herd gebunden sein muss. Wenn ich dann aber manchmal im Austausch bin mit anderen, auch viel Jüngeren, so 30-Jährigen, dann habe ich den Eindruck, dass sich das wieder ändert. Wir waren doch noch so... ich bin auch für Tradition, für gewisse Werte, aber wenn ich so junge Männer dann sagen höre, 'die soll jetzt nicht arbeiten gehen, die soll jetzt zuhause zu den Kindern schauen', dann... dann merke ich wieder, dass so etwas nicht selbstverständlich ist. Was bin ich froh, dass ich diesen Kampf nicht habe! Auch meine Mutter hat mir schon immer gesagt – sie hatte keine Ausbildung machen können – schau, dass du eine Ausbildung machen kannst und dass du *immer* arbeiten gehen kannst. Ja, da war sie schon recht revolutionär. Obwohl sexuell war sie dann schon… der Meinung: Komm mir dann nicht mit einem Kind nachhause, bevor du verheiratet bist! Aber sonst so das Eigenständige und nicht abhängig sein von einem Mann, das hat sie sehr betont. Allerdings in einem verträglichen Rahmen, so dass nichts darunter leiden muss. Nicht dass man so quasi Kinder wie nebenbei hat, und die Hauptsache ist, Karriere zu machen. Ja. Also mit diesem Gedankengut bin ich aufgewachsen.

Mein Vater ist vor sechs Jahren gestorben. Und da veränderte sich die Dynamik in der Familie, und das war unglaublich interessant… Also ich habe eine Schwester, wir waren zu viert, und unsere Familie hatte eine Dynamik, wie jede Familie eine Dynamik hat, jeder hat so seine Rollen, so funktioniert's und so macht man's, wenn man zusammen ist, und so weiter. Wir hatten es auch immer gut. Und dann haben wir meinen Vater im Sterben begleitet, es war intensiv, und dann war er weg, und plötzlich ist dieses Gebilde irgendwie neu. Plötzlich funktioniert's nicht mehr wie vorher. Ich und auch meine Schwester, wir hatten unsere Mutter plötzlich ganz anders erlebt. Und wir haben uns gefragt: War das immer so? Was ist passiert, dass wir so anders empfinden? Und wie… so… dass wir gezweifelt haben. Haben wir uns was vorgemacht? Also es hat wirklich das Gebilde erschüttert. Ja, es hat einfach der Part gefehlt von dem Vater, der das Eltern-Bild abgerundet hat. Und wir erlebten die Mutter anders. Da musste über die ganzen Jahre jedes wieder sein Plätzchen suchen. Und das hat mich total fasziniert. Das ist ein ganz eindrückliches Erlebnis, wie so ein Gebilde funktioniert. Und dann, einer fällt weg, und alles ist anders.

Ich hatte noch einen anderen Freund, als ich meinen jetzigen Partner kennen lernte. Und dann die gemeinsamen Familienpläne, das hat mein Leben schon recht umgekrempelt. Es ging alles ziemlich schnell aufeinander… Ja, eben, man hatte schon die 40 vor Augen. Also wir konnten schon nicht mehr sagen, jetzt probieren wir mal so 10 Jahre und dann wollen wir Kinder… Das war schon ein bisschen ein Druck, vor allem für mich, dass ich nicht mehr lange warten konnte.

Mit dem anderen Freund war es ganz anders. Er wollte keine Kinder, partout nicht. Ich habe lange überlegt. Zuerst, als wir zusammen waren, wollte ich auch keine Kinder. Und dann so mit 30 hat sich das bei mir verändert. Aber er wollte nicht. Dann habe ich immer gesagt, es könnte sein, dass ich mal jemand anderen finde, und das war dann auch so. Also irgendwie hätte ich es mir auch vorstellen können ohne Kinder. Aber dann hätte ich auch weniger arbeiten wollen. So dass wir das Leben geniessen können. Sicher nicht, dass beide einfach voll arbeiten. Aber er wollte nicht seine 100%-Stelle reduzieren, obwohl er konnte. Im Nachhinein hätte ich vielleicht doch früher sagen sollen, jetzt ist fertig und mich frei machen… Aber die Frage ist immer, machst du es oder machst du es nicht? Und ihn verlassen… ich hätte ja keine

Garantie gehabt, dass ich jemanden finde, um eine Familie zu gründen.

Ich bin 40, mein Partner wird 44, da kommen halt auch neue Fragen. Ist Familie noch ein Thema, ja, nein? Bei uns beiden ist klar, dass das ein Wunsch ist, aber auch nicht um jeden Preis. Das finde ich auch schön, dass nicht das eine findet, dass man dann etwas unternehmen müsste. Ich war auch nie eine, die sich schon mit 20 Kinder gewünscht hat wie viele meiner Freundinnen. Und doch, jetzt mit 40 läuten die Alarmglocken, weil du weisst: Wenn, dann jetzt! Da muss ich mich zwar gegenüber anderen oft abgrenzen, die sagen: Ach heute ist es doch kein Problem mehr mit 43, und andere sagen wieder, das musst du dir gut überlegen, du bist dann 60, wenn dein Kind 20 ist, du wirst dann auch nicht jünger, also...

Aber so wie ich aufgewachsen bin und selber gelagert bin, hatte ich immer wieder... wie soll ich das sagen... das Gefühl, es müsse alles in vorgezeichneten Bahnen verlaufen, so eine Sicherheit, wenn du dann Kinder haben willst. Und jetzt... ist es nicht eher ein Alter, in dem ich sagen kann: Das Leben ist jetzt, es ist ein Partner, mit dem ich das erste Mal ein gutes Gefühl habe betreffend das Kinderthema, und nicht nur so vom Kopf her mir das ausrechne, irgendwie so... abstrakt. Ja, und jetzt bin ich halt 40, irgendwie noch jung, aber was den Kinderwunsch angeht, da geht es dem Ende entgegen... Also das erste Mal so... doch, man könnte es wagen! Und nicht, wie es die Familie oder Gesellschaft verlangt, dass man zuerst heiraten sollte, eine Wohnung bereitstellen und so. Ich habe das Gefühl, in diesem Alter geht es nicht mehr so der Reihe nach… Was bringt es denn, der Reihe nach? Es ist doch eher die persönliche Entwicklung, die eine andere Frau vielleicht mit 30 schon durchmacht oder erreicht hat, und ich frage mich dann, bin ich ein Spätzünder? Aber jede Lebensgeschichte ist anders. Manchmal staune ich, dass ich das erst jetzt 'erlickt' habe. Es ist einfach ein stärkeres Für-sich-Einstehen und dazu stehen, dass ich mir vorstellen kann, ein Kind zu haben, ohne vielleicht verheiratet zu sein.

Ich habe mir auch einmal eine Familie gewünscht. Ich hatte mal eine Fehlgeburt, und danach kam nie eine Schwangerschaft. Wir haben es auch nicht forciert, also wir wussten, es ist theoretisch möglich, wenn's kommt, kommt's – wenn nicht, nicht. Und es ist nicht gekommen. Und, nein… es war nicht schlimm. Es wäre schön gewesen, aber es ist nicht schlimm, dass es nicht so ist. Ja. Und so um die 40, da hatte ich dann das Gefühl, so jetzt *will* ich auch nicht mehr. Ich will nicht mit 50 eine 8-jährige Tochter oder einen 8-jährigen Sohn haben. Irgendwie war das dann auch wie abgeschlossen. Und dann war's plötzlich so – verhütet haben wir ja nie – wenn dann die Mens ein bisschen später gekommen ist… um Gottes Willen, was ist denn jetzt, wenn es so ist? Dann haben wir gemerkt, jetzt ist dieses Thema vorbei. Jetzt wollen wir wirklich nicht mehr. Und das war dann gut.

Ich habe das eben auch so erlebt, ich hatte diese Fehlgeburt mit 33, 34, und ehm… danach sind um mich herum wie Pilze aus dem Boden alle schwanger geworden. Und ganz viele Frauen, die um die 40 waren, wie eine Panik, jetzt muss es noch sein. Wir haben auch so intensiv erlebt, was es macht, plötzlich eine Familie zu sein, nicht mehr nur ein Paar. Vor allem, wie wir unsere Freunde erlebt haben, das war einschneidend. Und nicht nur positiv, also ganz befremdend auch in vielerlei Hinsicht. Ja, das hat viele Freundschaften verändert oder beendet, wir haben einfach auch Leute nicht mehr wiedererkannt. Wir haben so Wochenenden verbracht mit Menschen, die uns sehr lieb waren, wo wir das Gefühl hatten, da kann nie etwas dazwischenkommen, die dann 4 Stunden damit verbracht haben, ihre Kinder ins Bett zu bringen, am Tisch konnte man keinen Satz zu Ende sprechen, und das ganze Wochenende war Kind Kind Kind, und alles war schmutzig und verklebt und erschöpft, und als wir gingen, so ein 'Schade, wir hatten gar nicht so Zeit'… Ja, ganz intensive Momente haben wir da erlebt, auch wir beide als Paar: Was geht dort ab? Das ist ja unglaublich. Das ist uns sehr eingefahren. Aber dann hatten wir auch gute, schöne Beispiele. Familien, bei denen das sehr unaufgeregt geht, für uns stimmiger. Aber ja, das war eine interessante Zeit, da hat sich viel verändert. Freundschaften, die diese Veränderungen überlebt haben, oder eben nicht…

W as mich noch interessieren würde, wäre, mehr von meiner Herkunftsfamilie zu erfahren. Aber sie sind alle gestorben, und da kann ich wohl nicht mehr viel herausfinden. Ja vielleicht könnte ich meinen Bruder mal noch ein bisschen fragen. Aber sonst ist da niemand mehr. Meine Mutter starb, als ich 5-jährig war. Und der Vater, als ich 20-jährig war. Als Kinder hatten wir dann noch eine andere Familie, bei der wir essen gingen. Mein Vater hat 100 % gearbeitet, damals hat er noch keine Witwenrente bekommen, nichts. Und er hat unregelmässig gearbeitet. Aber zu dieser anderen Familie habe ich keinen Kontakt. Ich habe so gemischte Gefühle... ich habe mich noch nie durchgerungen, sie zu besuchen. Ich ging als Kind nicht so gern zu diesen Leuten. Sie waren schon okay, aber etwas... es war ja so, dass ich kein Fleisch mochte, und dort musste ich das essen. Ich musste manchmal am Tisch sitzen, allein, bis das gegessen war. Und ich fand das eklig, das war so schlimm. Als ich dann in die Lehre kam, war das fertig. Da war ich so froh. Und dann hat es mich einfach nicht mehr interessiert, was sie machen. Aber vielleicht könnte man bei ihnen schon noch etwas herausfinden. Sie wüssten sicher auch noch Sachen vom Vater... Ja, es würde mich auch interessieren, wie hat es meine Mutter gemacht mit mir, mit uns. Ich weiss relativ wenig über meine Familie.

Mein Mann hat auch keine Eltern und Grosseltern mehr. Er hat noch 2 Geschwister, 3 Tanten und einige Cou-Cousinen. Aber auch zu ihnen besteht nicht viel Kontakt.

Die Familie ist mir extrem wichtig, wirklich. Und zwar die eigene Kleinfamilie, das ist mir extrem wichtig, das macht mir auch grosse Freude. Und ich spüre auch dadurch, dass die Kinder da sind, man ist einfach so richtig Familie, man ist nicht mehr Paar, sondern Familie. Das ist etwas, was ich möchte, auch in Zukunft... ich möchte wirklich, dass die Familie ein Ort ist, wo alle Beteiligten gerne sind. Dass wir untereinander eine gute Beziehung haben. Dass wir offen sind miteinander. Und respektvoll, denke ich. Und dass sich jedes entfalten kann, die Kinder und die Eltern. Und dass wir das irgendwie als Familie leben können. Dass jedes Individuum sein kann und dass wir es auch schaffen, miteinander eine Einheit zu sein. Das wäre für mich auch wirklich etwas Erstrebenswertes, dass dies nicht aufhört, wenn die Kinder 18 oder 25 sind. Die Beziehung wird sich verändern, auf welche Art auch immer, aber dass das etwas ist, das weitergeht. Das ist wirklich etwas, ja... Oder dass man auch gewisse Sachen an die Kinder weitergeben kann, so was man gerne macht vielleicht, z.B. in die Natur gehen, wandern, die Schönheiten. Das ist mir wichtig. Und dann ist mir auch die erweiterte Familie wichtig. Meine Eltern, meine Schwester und ihre Familie, die Schwiegereltern. Da haben wir ein grosses Glück. Wir haben es gut miteinander. Das ist mir wichtig, dass man das weiter pflegen kann.

Was mir auch noch wichtig ist für die Zukunft, sind Freunde. Das ist ein Punkt, der im Moment zu kurz kommt. Da alle gleich alt sind und alle innerhalb von 2 Jahren ihre ersten Kinder bekommen haben, gibt es kaum einen Nachmittag, wo man alle miteinander abmachen kann. Man ist einfach sehr unflexibel. Es wird dann wieder anders. Aber wir sollten die Freundschaft trotzdem pflegen, finde ich. Freundschaften sind einfach wichtig. Dass wir einmal abmachen zum Pizza-Essen, dass man sich solche kleinen Momente ausnimmt. Aber in all dem Rambazamba ist es schwierig... man muss sich manchmal richtig dazu aufraffen.

Den Ausblick wagen

Wie erwähnt stellte ich den Biografinnen jeweils auch die Frage, wie sie ihre nächste Zukunft sehen. Hätte man mich mit 40 dies gefragt, wäre eine Antwort wahrscheinlich nur zögerlich gekommen. Wünsche hätte ich wohl einige aufzählen können. Doch ich war der Überzeugung, dass das Wesentliche sich ganz im Stillen abspielt. Dass es immer mehr um das Verborgene geht, das im Stillen reift. So steht es in meinem Tagebuch. Und weiter ein Text – an meinem 40. Geburtstag aufgeschrieben – unter einem Kartengruss mit der Abbildung von ‹Silence› von O. Redon (Museum of Modern Art, N.Y.):

Alles ist Schweigen

Das Schweigen ist eine grosse Aufgabe

Das Unfertige tragen

Das Böse verzeihen

Dem Unsichtbaren

Ein wenig Platz machen

Mammamia … 50 !!! Mit 50 wünsche ich mir schon, ein bisschen zur Ruhe zu kommen. Ich möchte hier meinen Platz gefunden haben und mich daran freuen können und mich nicht überfordern. Ich liebe es zu arbeiten, ich liebe es! Aber nicht unter Druck und im Stress, einfach so, dass ich 'nachmag'. Ich kann mir auch vorstellen, ein Reisejahr zu machen, entweder allein oder ich würde andere einladen, mitzukommen. Ja, unterwegs sein mit Freunden, aber auch hier sein. Das wünsche ich mir. In Ruhe meine Arbeit machen, und in Ruhe meine Pausen machen. Zeit haben… einfach alles wieder genussvoll machen können. Und das machen, was mir wirklich wichtig ist. Eine Schicht tiefer gehen.

Ich glaube, mein Mann und ich, wir sind beide ein wenig hektische Menschen. Aktiv könnte man auch sagen. Solange man aktiv ist, ist man auch vital… Aber es passiert einfach oft, dass wir Stress haben. Man kann es manchmal einfach nicht aufhalten. Irgendwie möchte ich es schon ruhiger haben. Dass wir mit den Kindern auf den Spielplatz gehen… als noch dies und das zu unternehmen. Eigentlich möchte ich schon, dass wir ein bisschen 'runterfahren'.

Ich möchte im Moment leben, und das gelingt mir sehr oft nicht. Ich schwelge in der Vergangenheit, statt dass ich die Kleinen jetzt geniesse, dass wir gesund sind und es uns beruflich und finanziell gut geht. Ich kann das wie nicht schätzen, und ich finde das furchtbar von mir. Also ich bin schon dankbar, am Abend ist mein Herz erfüllt von Dankbarkeit, wenn ich die Kinder anschaue. Und doch gelingt es mir oft nicht, einfach da zu sein, um ein Memory zu spielen… Da bin ich schon wieder… ich kann es wie nicht…

Ich habe mir schon als Kind und in der Pubertät immer gedacht, ich möchte einmal Familie und Kinder haben. Das *habe* ich. Ich habe mir gedacht, dass ich einen Beruf erlernen möchte, den ich gerne ausführe. Das habe ich auch im Moment. Und einer dieser Wunschvorstellungen war, dass ich gerne ein eigenes Daheim hätte. An materiellen Sachen ist das etwas, das mir viel bedeutet. Das hätte ich einfach gerne, das ist so der Nestgedanke. Wir wohnen zwar im Moment super. Es ist zentral, wir haben Platz, es hat Garten… es ist eigentlich super… Und im gleichen Moment habe ich diese wahnsinnige innere Unruhe, die mir sagt: Wann willst du denn ein Eigenheim, mit 50 oder mit 60? Wenn, dann jetzt! Wir können es uns leisten, jetzt sind unsere Kinder klein, was wollen wir denn? Kommen wir eigentlich noch zu diesem Traum, den wir beide hatten? Das bringt fast… nicht gerade Panik, aber Unruhe ins Ganze, dass ich den Moment fast nicht mehr geniessen kann, oder völlig entspannt das geniessen kann, was ist… Das ist jetzt ein Beispiel, und das geht mir in vielen Sachen so. Einfach ein bisschen das Getrieben-Sein.

Ich fühle mich im Beruf und in der Beziehung recht wohl und 'angekommen'. Im Job bin ich z.B. sehr viel gelassener geworden. Ich merke besser, was sich lohnt und was sich nicht lohnt. Da finde ich, bin ich gereift. Ich hoffe, dass ich es ins Privatleben übertragen kann. Ich habe ja ganz viele Sachen erreicht, die ich mir als Kind oder Jugendliche gewünscht habe. Doch dieses Ausruhen auf dem, was man hat, dieses Geniessen, das kommt bei mir total zu kurz… Aber wie machst du das? Wenn ich mal einen Monat nichts machen würde, dann hätte ich das Gefühl, jesses Gott… Ich bin wie ständig in einer Anspannung und komme gar nicht mehr herunter… Und dann kommst du auch an einen Punkt, wo du gar nicht mehr genau weisst, was dir guttäte. Mit den kleinen Kindern bist du so fremdbestimmt, und wenn du dann mal ein bisschen Zeit für dich hast, denkst du: So, und jetzt? All die Hobbies, die du vorher hattest, die machst du eigentlich nicht mehr. Und irgendwie musst du wieder wie neue Beschäftigungen finden, die dir gefallen.

Also ich denke, die nächsten 10 Jahre wird es mehr oder weniger so ähnlich weitergehen, das hoffe ich jedenfalls. Je nachdem, wie das mit der Schule der Kinder sein wird, ob wir hier wohnen bleiben, ob wir die Arbeit noch ein bisschen reduzieren und so… aber so tendenziell…. Und nachher, wenn die Kinder langsam erwachsen sind, gehen wir schon gegen die Pensionierung, ja dann weiss ich auch nicht… Über das habe ich mir noch nicht viele Gedanken gemacht. Ich könnte mir vorstellen, mich irgendwo zu engagieren,

Freiwilligenarbeit oder so, dass man auch etwas der Gesellschaft zurückgibt.

Wenn ich versuche, vorauszuschauen… so spontan: 50, 60 – ich (lacht)? Da lässt dann die Energie nach, je nachdem wie es gesundheitlich geht. Im Geist fühlt man sich vielleicht noch nicht alt. Aber dieses Bewusstsein, es könnte schnell anders gehen. Und auch der Gedanke: noch so lange arbeiten…! Und dann denke ich wieder: Wir *können* arbeiten gehen, haben eine Beschäftigung und können uns ein tolles Leben leisten. Handkehrum… ist das nicht auch ein Trott? Entwicklung ist zwar nicht abgeschlossen, du kannst noch mit 50 eine Ausbildung machen. So das Gefühl, jetzt ist man recht hoch, kann es noch höher gehen? Geht es jetzt so weiter? Was kann jetzt noch passieren? Wie viel Entwicklungspotenzial ist da noch? Eigentlich weiss man das ja gar nicht. Das ist nicht so klar.

Das Leben vom Ende her betrachten?… Da werde ich ein bisschen traurig. Im Moment würde ich auf meinen Frust zurückblicken. Warum tue ich mir das alles an? Wieso? Warum habe ich mir mein Leben so schwergemacht? Ein bisschen am Rande der Erschöpfung… Und das Glück wäre da. Das geht mir überhaupt nicht in den Kopf: Es ist alles da, und doch bin ich in einer verzweifelten Situation, das macht mich so ohnmächtig… Ja, mir fehlt der Blick… ich habe ein bisschen das Wesentliche verloren. Ich sage es noch einmal, ich möchte einfach Zeit haben…

Man wünscht sich ja sicher Gesundheit, auch für das nähere Umfeld, und dass wir es weiterhin so gut haben. Dass man Familie und Freunde behalten kann, hegen und pflegen. Und auch die Partnerschaft, das ist einfach das Grundgerüst, auf dem ganz viele Sachen draufstehen. Das verändert sich ja mit dem Älterwerden wohl auch, da hat man wieder eher mehr Zeit füreinander. Ja, dass man auch dort den guten Rank findet, dass es so bleibt.

Ja, ich glaube, dass es in den nächsten Jahren doch sehr ähnlich bleibt. Es gibt immer noch dieses und jenes zu verändern, zu vereinfachen, ja. Beruflich vielleicht das Pensum, aber nein… so ganz grob habe ich den Eindruck, dass es so bleibt. Auch privat, es wäre schön, wenn es so bleibt.

Was ich je länger je mehr wünsche, ist, dass ich Freunde in der Nähe finde. Grad im Hinblick aufs Alter, jetzt haben wir Freunde und Gleichgesinnte überall verteilt. Es wäre schöner, diese in der Nähe zu haben. Ich bin zwar hier aufgewachsen. Aber viele sind weggegangen. Und ich bin auch länger weg gewesen. Viele von den Bekannten haben schon Kinder, die gegens Erwachsenenalter hin gehen, und dann passt es nicht. Man hat nicht so einen gemeinsamen Nenner meistens. Ich hatte auch in der Schule nicht so enge Freundinnen. Man kennt sich von früher, das schon, und man hat mal abgemacht, aber es ist irgendwie... ich bin da mit keinem so richtig warm geworden. Die eine, die schon ältere Kinder hat, hat andere Interessen als ich... Ja, wir sind halt doch noch oft weg... und dann kann man hier nicht so gut Fuss fassen. Dazu kommt die unregelmässige Arbeitszeit, das ist auch ein Hindernis, einen Freundeskreis aufzubauen. Ja, also hier in der Nähe Familien mit gleichaltrigen Kindern zu finden, das wäre schon einer meiner Wünsche. Aber bis jetzt... es ist vielfach so, dass wenn ich das Gefühl habe, da könnte sich ein Kontakt aufbauen, wir verstehen uns und so, dann zügeln sie weg. Da hat man mal jemand gefunden, mit dem es stimmt, und dann gehen sie wieder.

Wie es weitergeht? Ich arbeite daran, dass ich irgendwann mich mit dieser Situation aussöhnen kann. Das wäre meine Erwartung, die ich jetzt habe. Vielleicht ist das eine zu hohe Erwartung, ich weiss es nicht. Ich habe einfach nicht mehr so viele Pläne, was man noch alles tun könnte... das habe ich so nicht mehr. Aber meine Hoffnung ist einfach, dass nichts Schlimmes mehr passiert, nicht mehr so Schlimmes. Dass unsere Kinder gesund und wohlgeraten in die Welt hinauskönnen, das ist meine Hoffnung. Dass mein Mann und ich zusammen den Weg weiter gehen können, möglichst lange noch. Und irgendwie habe ich dann schon das Gefühl, dass das Ganze einen tieferen Sinn hat… Dem bin ich auf der Spur, ich versuche es. Und mich einfach an Kleinigkeiten freuen, das versuche ich. Zum Glück habe ich eigentlich von Natur aus ein frohes Gemüt, für das bin ich dankbar. Und so in 10 Jahren, da stelle ich mir vor… so eine innere Zufriedenheit.

Ich möchte den Kindern… ich denke, jetzt haben sie so etwas Schweres erleben müssen, das musste *ich* ja nicht als Kind. Aber sie müssen das jetzt. Und das ist eine Erfahrung, die ich ihnen lieber wegnehmen würde. Da bin ich ein bisschen am Hadern, am Knorzen. Aber ich kann es nicht ändern. Da muss ich es dann wieder probieren umzuwandeln in Vertrauen. Wenn ja das Ganze einen Sinn hat, und daran glaube ich, dann haben sie die Kraft, dass sie das tragen können.

Und was ich merke, ich muss lernen auszuhalten. Genau das, was ich nicht gut kann. Im Aushalten bin ich schlecht. Ich bin eher eine, die etwas sucht, die etwas macht, aber nicht aushält…

Mir sind diese inneren Übungsfelder wichtig. Aber ich erlebe sie manchmal auch schwierig, weil sie einfach so… die haben sich ja auch so gebildet bis hierher. Dem möchte ich Platz geben, es hat auch Platz, und es drängt auch. Es ist schon etwas, das ich bewusst suche. Nur, da habe ich hohe, immer zu hohe Ansprüche. Das ist auch ein Punkt, der mich immer sehr fordert. Meine Vorstellung, was ich erreichen möchte innerlich, und dann aber auch zu sagen, was ist realistisch. Auch wenn's noch so schiefgeht, ich muss mich trotzdem liebhaben, und es ist trotzdem, ich bin ich... eh... das ist eine grosse Herausforderung, mit diesen Ansprüchen umzugehen. Es hat mit dem eigenen Lenken zu tun, das ist eine gute Sache, dieses innerliche Aufräumen, dieses innerliche Weiterkommen.

Die nächsten Jahre? Das ist eine gute Frage. Beim Gemeinschaftlichen schauen: Was ist gegeben, was ist möglich, wo ist noch Potenzial? Ja. Und auch beruflich schauen, wo es mich hinzieht. Es ist nicht eine Notsituation, wo ich etwas ändern müsste. Aber so schauen, was sich frisch zeigt. Im Moment braucht das ganz viel Raum, es war so viel in den vergangenen Jahren. Das ist das Wichtige, das Ja zu mir, in allen Facetten. So die Verantwortlichkeit, mir gegenüber gut zu sein und mir Gutes zu tun. Dieses Nähren, was macht mir Freude, das in meinen Alltag zu integrieren, und schauen, wo es mich hinführt... Da bin ich in der Startphase. Und ich muss schon sagen, es stimmt ja auch ganz Vieles. Das Wohnen stimmt, die Arbeit stimmt. Und meine Tochter geht jetzt in die 1. Klasse. Und ich habe sie am Freitag für den Mittagstisch angemeldet, damit ich an diesem Tag frei habe für meine Sachen. Da bin ich mit mir unterwegs, und das ist sehr inspirierend und nährend und lustvoll. Und der Freitag ist mir heilig... Aber natürlich können wir jetzt schon viel gemeinsam machen. Am Anfang meinte ich immer, es müssten noch andere dabei sein. Ich konnte das nicht akzeptieren, ich und meine Tochter allein, es war wie... nicht vollständig. Manchmal denke ich, das ist auch ein Generationenthema. Nicht nur in meinem Herkunftssystem. Was die Ahnenlinie anbelangt, dem möchte ich noch ein bisschen besser auf die Spur kommen, was das mir sagen will, wie ich dem einen Platz in meinem Leben geben kann. Das sind so Fragen, da habe ich das Gefühl, da kommt noch anderes... Auch bei meinem Schmerz habe ich irgendwann realisiert, das ist nicht nur mein Schmerz. Ich glaube, das geht wirklich weiter. Meine Mutter kann ich leider nicht mehr fragen. Und eine Schwester von ihr, zu der ich eine gute Beziehung habe, habe ich auch schon gefragt. Aber ich müsste wohl andere Fragen stellen, ich konnte da nicht so.... Sie erzählt schon, aber ich komme da nicht so richtig auf die Spur. Doch da werde ich schon zur rechten Zeit den rechten Personen begegnen.

Dank

Dass aus meiner anfänglichen Idee ein kleines Werk entstanden ist, habe ich meinem Entschluss, auf zarte Eingebungen zu achten, zu verdanken. Das Vertrauen in das nicht Planbare hat sich gelohnt. Wie zufällig ist ein guter Mix von unterschiedlichen Lebensbildern und Momentaufnahmen entstanden. Ich danke den sieben Biografinnen, dass sie sich die Zeit genommen haben, innezuhalten, über ihr Leben mit 40 und nach dem 40. Geburtstag zu reflektieren und offen darüber zu berichten. Während der Bearbeitung ihrer Beiträge sind sie mir sehr ans Herz gewachsen. Mein Wunsch ist es, dass Leserinnen und Leser sich von andersartigen Lebensläufen bereichern lassen und dass sie angeregt werden, die eigene Biografie mit ihren Höhen und Tiefen anzuerkennen.

Miège, 2019